Pas à Pas

Pas à Pas

Jean Sareil
COLUMBIA UNIVERSITY

Jacqueline Sareil
MANHATTANVILLE COLLEGE

HARCOURT BRACE JOVANOVICH, INC.

NEW YORK   CHICAGO   SAN FRANCISCO   ATLANTA

ILLUSTRATIONS FOR TEXT AND COVER BY COLOS

ISBN: 0–15–568225–3

Library of Congress Catalog Card Number: 74–18729

Printed in the United States of America

Credits and Acknowledgments

CHRISTIAN BOURGOIS EDITEUR   For an excerpt from *Baal-Babylone* by
Fernando Arrabal.

LIBRAIRIE ERNEST FLAMMARION   For "La Fille morte dans ses amours," by
Paul Fort.

EDITIONS GALLIMARD   For "Une Lettre importante" from *Mémoires de
l'ombre*, by Marcel Béalu; for an excerpt from *La Peste*, by Albert Camus;
for "La Salle à manger" from *De l'angélus de l'aube à l'angélus du soir*, by
Francis Jammes; for "Jeune Lion en cage" and "Le Tendre et dangereux
visage de l'amour" from *Histoires*, by Jacques Prévert; for "L'Inventeur
distrait" from *La Première Personne du singulier*, by Jean Tardieu; for
"Métamorphose" from *Le Fleuve caché*, by Jean Tardieu; for "Générosités"
from *Découvertes*, by Charles Vildrac. © Editions Gallimard.

EDITIONS BERNARD GRASSET   For "L'Ogre" and "Fumées" from *Les
Richesses naturelles*, by René de Obaldia.

LIBRAIRIE GRUND   For "Le Pélican" from *Chantefables et chantefleurs pour les
enfants sages*, by Robert Desnos.

MERCURE DE FRANCE   For an excerpt from *Journal de Salavin*, by Georges
Duhamel.

SOCIÉTÉ DES GENS DE LETTRES DE FRANCE   For "Mon Espérance" from
La Verdure dorée by Tristan Derême; for "Patachou" from *Patachou,
petit garçon* by Tristan Derême.

Introduction

Pour la majorité des étudiants, ce livre constitue un premier contact avec des textes littéraires français non traduits. Pourquoi utiliser la littérature à un niveau aussi élémentaire? Parce qu'elle est le moyen le plus efficace d'éveiller ou de maintenir l'intérêt d'une classe, et que c'est seulement quand il est intéressé qu'un étudiant peut accomplir des progrès.

Nous avons donc sélectionné vingt-six textes, dix-sept en prose et neuf poèmes, en essayant de nous placer au point de vue de l'étudiant. Nous avons choisi des histoires et des poèmes courts, faciles à comprendre, ne nécessitant aucune connaissance préalable pour être appréciés, de telle sorte que les étudiants puissent être sensibles à leurs qualités littéraires et aient envie de discuter les idées ou les situations qu'on leur présente. Nous nous sommes aussi efforcés d'éviter, autant que possible, des textes déjà utilisés dans d'autres anthologies afin de ne pas donner aux professeurs une désagréable impression de déjà lu. Nous avons également tenté de maintenir une certaine balance entre auteurs classiques et auteurs modernes.

La présentation des écrivains est en français. Elle est écrite de manière à pouvoir être lue des étudiants qui auront ainsi l'occasion de se familiariser avec le style plus abstrait de la critique littéraire.

Les notes mises en face du texte doivent aider les étudiants à surmonter certaines difficultés d'expression. Elles sont en français, afin de maintenir l'unité de langue, sauf bien entendu lorsque l'explication simple serait impossible.

Le choix des exercices pour un « reader » est toujours complexe, car un livre de cette nature peut servir à des fins différentes. Nous avons cru bon d'offrir une assez grande variété d'exercices afin de permettre aux professeurs de choisir ceux qui conviennent le mieux à leurs intentions ou au niveau de leur classe. Nous ne pensons pas qu'il soit possible de couvrir tout le matériel offert en une seule séance. Il y a, d'autre part, certains exercices très utiles, comme par exemple la dictée, préparée ou non, que nous avons laissés de côté parce qu'ils ne demandent aucune directive particulière.

Nous avons traité de façon assez différente les exercices dans les poèmes et dans les passages en prose.

Dans la prose, les questions suivent de près le texte. Elles permettent à l'étudiant de se rendre compte par lui-même s'il a bien compris l'histoire et à l'instructeur de vérifier la qualité de la lecture. Elles servent aussi de base à une conversation entre le professeur et ses élèves. Certaines sont même assez vastes pour permettre une discussion générale. Comme il s'agit de textes qui ont une valeur littéraire, nous avons jugé utile d'introduire un petit nombre de questions qui prépareront les étudiants à analyser un texte. Nous pensons qu'il n'est pas nécessaire de bien savoir une langue pour apprécier des effets littéraires très visibles.

Les substitutions ont pour but de développer le vocabulaire des étudiants, en même temps qu'elles les obligent à relire le texte pour trouver les substituts dont ils ont besoin.

Enfin nous estimons qu'il est bon d'entraîner très tôt les étudiants à faire de petites compositions dirigées. Bien entendu, il ne s'agit pas de leur donner un sujet à traiter, car alors ils traduiraient leur pensée de l'anglais en français avec les résultats désastreux que l'on sait. Le but que nous nous proposons est tout autre : nous leur donnons un modèle à imiter. Ce pastiche d'une technique littéraire laisse toute liberté à l'imagination des élèves en même temps que le texte leur sert de guide pour la langue. A ce niveau, les instructeurs doivent recommander à leurs élèves d'utiliser le moins possible un dictionnaire, qui est une source d'erreur, sauf pour vérifier l'orthographe ou le genre d'un mot.

Bien souvent d'ailleurs cette composition a été conçue de manière à pouvoir être transformée en exercice oral auquel toute la classe participe. On peut également envisager une correction orale et collective des exercices écrits. Au professeur de déterminer la méthode qui lui semble la plus convenable dans chaque cas.

Les exercices qui suivent les poèmes sont de nature différente, sauf les substitutions, afin d'utiliser les qualités orales des poèmes.

La reconstitution du poème permet aux étudiants d'apprendre par coeur des expressions dont ils devront se resservir par la suite; c'est la meilleure façon d'augmenter son vocabulaire. Les questions visent moins à faire saisir les nuances des poèmes qu'à aider les étudiants à se rappeler le texte, sans avoir à fournir le fastidieux effort de mémoire des récitations d'autrefois. Les directions que nous donnons ne doivent pas être suivies à la lettre. Le professeur décidera par exemple si les étudiants doivent ou non préparer le poème avant la classe. Il doit également déterminer le nombre de fois qu'il entend lire le poème selon la difficulté du texte et le niveau de ses élèves.

Toutefois, afin d'éviter tout automatisme, nous nous sommes contentés pour certains poèmes, plus difficiles à retenir, de poser des questions sur le texte.

Enfin, nous avons introduit des exercices de phonétique, basés sur des oppositions entre les sons des voyelles, afin d'aider le professeur à corriger la prononciation de ses étudiants.

Bien entendu, il y a une certaine progression dans la longueur et les difficultés des textes, mais cela n'implique pas pour autant que le professeur doive suivre l'ordre que nous avons établi. Il peut également sauter les textes qu'il n'a pas envie de faire. Dans ce but, nous avons répété les instructions pour chaque exercice, pensant que la monotonie qui pourrait résulter de cette répétition serait compensée par la liberté qu'elle accorde aux instructeurs.

A la fin du volume, on trouvera un vocabulaire franco-anglais de tous les mots utilisés dans ce livre, y compris ceux qui ont servi aux biographies des auteurs. Nous n'avons éliminé que les mots vraiment simples et ceux qui sont presque identiques dans les deux langues. Les mots ne sont donnés dans ce vocabulaire que dans les sens qu'ils peuvent avoir dans les textes sélectionnés.

Nous voudrions enfin remercier le professeur Nancy Regalado, de New York University, pour les judicieux conseils qu'elle a bien voulu nous donner et dont nous avons tenu le plus grand compte.

J.S.   J.S.

Table des matières

Introduction   v

1. JULES RENARD   La Rencontre   1
2. TRISTAN DERÊME   Mon Espérance   7
3. FERNANDO ARRABAL   Dialogue   13
4. VICTOR HUGO   Une Soirée aux Tuileries   19
5. ROBERT DESNOS   Le Pélican   25
6. JEAN TARDIEU   L'Inventeur distrait   33
7. JULE RENARD   L'Amateur de clichés   39
8. PAUL FORT   La Fille morte dans ses amours   43
9. RENÉ DE OBALDIA   Fumées   49
10. TRISTAN DERÊME   Patachou   55
11. GUILLAUME APOLLINAIRE   A la Santé   61
12. CHARLES VILDRAC   Générosités   67
13. GEORGE SAND   Les Trois Bandits   73
14. JACQUES PRÉVERT   Le Tendre et Dangereux Visage de l'amour   79
15. RENÉ DE OBALDIA   L'Ogre   85
16. ALBERT CAMUS   Le Vieil Asthmatique   91
17. JEAN TARDIEU   Métamorphoses   97

TABLE DES MATIÈRES

18. MARCEL BÉALU   Une Lettre importante   103

19. JACQUES PRÉVERT   Jeune Lion en cage   109

20. ALFRED DE MUSSET   Tristesse   115

21. GEORGES DUHAMEL   Journal de Salavin   121

22. VOLTAIRE   Maître   129

23. FRANCIS JAMMES   La Salle à manger   135

24. JEAN SAREIL   Elisabeth Delagrange   141

25. PAUL VERLAINE   A Poor Young Shepherd   149

26. ALEXANDRE DUMAS   La Main de Dieu   155

Vocabulaire   163

Pas à Pas

1. Jules Renard

(1864–1910)

Jules Renard est surtout connu par *Poil de carotte* et ses *Histoires naturelles*, remarquables par le caractère à la fois précis et poétique de leurs descriptions. Son *Journal* est toujours lu[1] avec intérêt. Sans être un très grand auteur, Jules Renard, par son style, son honnêteté d'écrivain, son sens de l'observation, son ironie, a laissé une oeuvre assez vaste, qui plaît encore au public d'aujourd'hui, alors que tant de livres célèbres à l'époque sont maintenant oubliés.

« La Rencontre » fait partie d'une collection de nouvelles, réunies sous le titre de *La Lanterne sourde*.

---

[1] **lu**: participe passé du verbe **lire**.

1

La Rencontre

Je vais à mes affaires; je marche sur le trottoir, rapidement.

Il va à ses affaires; il arrive sur le trottoir, l'allure° pressée. « pace »

Et nous nous heurtons° soudain, nez à nez; nous 5 poussons un léger grognement° d'excuse ou de mauvaise humeur et nous reculons avec un haut-le-corps,° des oscillations.

nous . . . « we run into each other »

« grumbling »

« bound, start »

Il oblique° vers sa droite: précisément j'oblique vers ma gauche et nous sommes encore ventre contre 10 ventre.

va sur le côté

— Pardon! dit-il.

— Pardon! dis-je.

Il biaise° à sa gauche; je biaise à ma droite et de nouveau nos chapeaux se touchent. 15

va sur le côté

— Allons, bon!°

« For heaven's sake! »

— Allons, bon!

Il revient au milieu. J'y suis déjà.

— Cédons-lui, pense-t-il, et il s'immobilise.

Mais je m'imagine que, si je ne fais aucun mou- 20 vement, il passera son chemin, et je ne bouge plus.

— Oh!

— Oh!

Nous nous regardons. Est-ce que ça se gâte ?° Non. Il a une idée, que j'ai aussi : il pose ses mains sur mes épaules ; je lui prends la taille ; graves, soutenus l'un par l'autre, nous nous tournons doucement, nous pivotons à petits pas jusqu'à ce que nous ayons 5 changé de place, et nous nous sauvons, chacun de notre côté, à nos affaires.

Est-ce . . . Est-ce que les choses vont tourner mal ?

**Questions
sur le texte**

1. Où va le narrateur ?
2. Pourquoi les deux personnages marchent-ils vite ?
3. Que font-ils après s'être heurtés ?
4. Pourquoi y a-t-il peut-être de la mauvaise humeur dans leur grognement ?
5. Quand le narrateur oblique à gauche, que fait l'autre personne ?
6. Combien de fois au total se heurtent-ils ?
7. Relevez les différentes expressions que l'auteur emploie à chaque « rencontre ».
8. Au moment où l'autre homme s'immobilise, que décide le narrateur ?
9. Comment est-ce que finalement les deux hommes sortent de cette situation ?
10. A votre avis, de quelle sorte de danse s'agit-il ?
11. Que font les deux hommes après leur danse ?
12. Toute l'histoire est construite sur des parallélismes. Donnez le plus d'exemples possibles de ces réactions parallèles.

Substitutions

1. Remplacez les expressions suivantes par des mots qui ont le *même* sens et qui sont dans le texte.

    EXEMPLE   aller à pied : marcher (1.1)

    a. brusquement
    b. aller en arrière

    c. une seconde fois

    d. ne plus bouger

    e. se sauver

2. Remplacez les mots suivants par des mots qui ont le sens *contraire* et qui sont dans le texte.

      EXEMPLE   venir de : aller à (1.1)

    a. lentement

    b. s'éviter

    c. avancer

    d. s'arranger

    e. joyeux

Composition

Vous imaginez une « rencontre » dans la rue, différente de celle de Jules Renard.

Pour vous aider dans votre travail, vous utiliserez le vocabulaire du texte et vous pourrez répondre aux questions que nous vous posons. Faites des phrases courtes, au présent. Environ cent mots.

Voici comme modèle :

> Où allez-vous? (Je vais au collège, chez moi, faire des courses, etc.)
> Que faites-vous dans la rue? (Je marche vite, lentement, je suis pressé, j'ai le temps, etc.)
> La rencontre. Que se passe-t-il alors?...
> Que dites-vous?... Que dit l'autre?...
> Qu'est-ce que vous pensez que vous ne dites pas?...
> Que faites-vous après cette rencontre?...

2. Tristan Derême

(1889–1942)

Tristan Derême est un des meilleurs poètes de l'école dite « fantaisiste ». C'est un poète mineur, mais d'une grande sensibilité et d'un humour très fin.

« Mon Espérance... » est tirée de *La Verdure dorée*.

Mon Espérance...

Mon espérance était tombée
Sur le dos, comme un scarabée.

L'ombrelle aux doigts le lendemain
Tu vins° rêver sur le chemin.   *passé simple du verbe* **venir**

Tu retournas l'insecte frêle   5
Avec la pointe de l'ombrelle.

Et soudain l'insecte, au delà
Des soleils calmes, s'envola!

Mon espérance était tombée
Sur le dos, comme un scarabée...   10

Les élèves ont leur livre fermé. Le professeur lit lentement tout le poème. Il relit ensuite les deux premiers vers, puis il pose des questions :

1. Qu'est-ce qui est arrivé à l'espérance du poète?
2. Pourquoi compare-t-il cette espérance à un scarabée?

Après avoir répondu aux questions, toute la classe participe à la reconstitution des deux premiers vers. Un élève les écrit au tableau. Toute la classe participe à la correction des fautes.

Le professeur lit les vers 3 et 4 et pose ensuite les questions :

3. Que portaient les femmes autrefois pour se protéger du soleil?
4. Au lieu de dire l'ombrelle à la main, le poète emploie une expression qui indique la délicatesse de la jeune femme. Quelle est cette expression?
5. Quand la jeune femme vient-elle sur le chemin?
6. Que vient-elle faire sur le chemin?
7. Le poète dit « tu » à la jeune femme. Qu'est-ce que ce tutoiement indique?

La classe reconstitue les vers 3 et 4. Un élève les écrit au tableau. La classe corrige les fautes et les élèves relisent ensemble à haute voix les quatre premiers vers.

Le professeur lit les vers 5 et 6 :

8. Que fait la jeune femme en voyant l'insecte sur le dos?
9. Avec quoi le retourne-t-elle?

La classe reconstitue les vers 5 et 6. Un élève les écrit au tableau. Toute la classe corrige les fautes.

Le professeur lit les vers 7 et 8.

10. Que fait alors l'insecte?
11. Quel mot indique que l'insecte s'envole immédiatement?
12. Au-delà de quoi s'envole-t-il?

La classe reconstitue les vers 7 et 8. Un élève écrit ces deux vers au tableau, ainsi que les deux derniers qui répètent les premiers. Toute la classe corrige les fautes. Puis elle relit à haute voix tout le poème.

On efface alors le tableau. Chaque élève essaie de reconstituer par écrit le poème de mémoire.

Substitutions

1. Remplacez les mots suivants par des mots qui ont le *même* sens et qui sont dans le texte.

EXEMPLE   espoir: espérance (vers 1)

a. le jour suivant
b. songer
c. bout
d. tout à coup
e. tranquille

Exercice de phonétique

e fermé [e]   tombé, thé, café, scarabée, idée, espérance, précisément, promener, léger, rêver, nez

e ouvert [ɛ]   père, mère, terre, elle, belle, frêle, affaire, neige, Madeleine, était, laid, fait, semblait

Opposition	[e]	[ɛ]
	et	est
	ces	c'est
	mes	mais
	les	lait

11

fée	fait
des	dais
ré	raie
pré	près

Elle est aimée par son fiancé.
Elle était tombée.
Le scarabée est tombé sur l'herbe.
L'été dernier, elle est restée chez elle.
Mon père s'est couché dans la neige.
Je lui ai proposé du thé, mais elle a préféré du
café au lait.

3. *Fernando Arrabal*

(1932–)

Arrabal est espagnol. A trois ans, quand commence
la guerre civile, il voit son père arrêté et la famille
fait le silence sur son existence. L'absence du père,
la prédominance de la mère ont marqué le jeune
garçon et les références à son enfance sont
continuelles dans son œuvre. S'il aime son pays, il
déteste son régime politique, l'armée, la police.

En 1955, Arrabal vient à Paris et devient un
écrivain important du « Nouveau-Théâtre ».
Dans ses pièces, le cauchemar se mêle à la réalité,
le sadisme et l'érotisme à la pureté et au
mysticisme. Ses héros sont de grands enfants dans
un monde adulte hostile.

Baal-Babylone est un roman où l'auteur raconte
certains épisodes de ses premières années. Le
dialogue qui suit a lieu entre lui et sa mère.
On remarquera son caractère d'incantation,
obtenu par la répétition des mêmes mots.

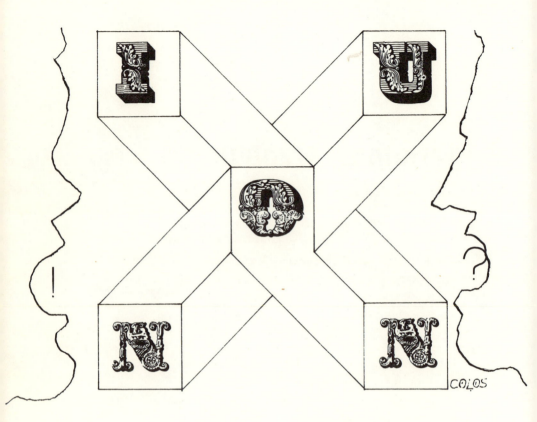

Dialogue[1]

Et je t'ai demandé si toi aussi tu mourrais.
Et tu m'as dit: « Oui. »
Et je t'ai dit: « Que vais-je faire? »
Et tu m'as dit qu'à ce moment je serai grand.
Et je t'ai dit: « Je ne vois pas le rapport. »   5
Et tu m'as dit qu'il y en avait un.
Et je t'ai dit: « Bon. »
Et tu m'as dit que tous nous devons mourir.
Et je t'ai demandé si c'était pour toujours.
Et tu m'as dit: « Oui. »   10
Et je t'ai dit: « Alors, et le ciel, qu'en fais-tu? »
Et tu m'as dit que cela venait plus tard.

Oui.

Et je t'ai dit que je te porterais des fleurs.
Et tu m'as dit: « Quand? »   15
Et je t'ai dit: « Quand tu mourras. »
Et tu m'as dit: « Ah! »
Et je t'ai dit que je te porterais des fleurs et puis
   je t'ai dit: « Des coquelicots. »°   « poppy »
Et tu m'as dit qu'il valait mieux° ne pas penser   20   il . . . il était préférable
   à ça.

[1] Le titre a été ajouté par les éditeurs.

Et je t'ai dit: « Pourquoi? »

Et tu m'as dit: « Parce que... »

Et je t'ai dit: « Bon. » Et puis je t'ai demandé si
nous nous verrions° au ciel plus tard.   *conditionnel du verbe* **voir**

Et tu m'as dit: « Oui. »   5

Et je t'ai dit: « Heureusement. »

Oui.

Et je t'ai demandé qui l'avait inventée.

Et tu m'as dit: « Quoi? »

Et je t'ai dit: « Cette histoire de mort. »   10

Et tu m'as dit: « Personne. »

Et je t'ai dit: « Et le reste? »

Et tu m'as dit: « Quoi, le reste? »

Et je t'ai dit: « Cette histoire de ciel. »

Et tu m'as dit: « Personne. »   15

Et je t'ai dit: « Tiens. » Et puis je t'ai dit: « Tiens. »
   Et puis je t'ai dit: « Alors, quand tu mourras,
   ton ventre me servira de tambour. »°   **ton**. . . je jouerai du tambour
                          sur ton ventre

Et tu m'as dit: « Ça ne se dit pas. »

Et je t'ai dit: « C'est un péché? »   20

Et tu m'as dit: « Non. »

1. Quel est le sujet qui préoccupe le petit garçon?   **Questions**
2. Pourquoi demande-t-il ce qu'il fera quand sa   *sur le texte*
   mère sera morte?
3. Pourquoi ne voit-il pas le rapport entre sa
   question et la réponse de sa mère?
4. Que demande-t-il lorsqu'on lui dit que le monde
   doit mourir?
5. Quel est le sens de sa question, *et le ciel qu'en
   fais-tu* (1.11)?

6. A quel moment le petit garçon portera-t-il des fleurs à sa mère?

7. Pourquoi la mère lui dit-elle qu'il vaut mieux ne pas penser à ça?

8. Pour quelle raison le petit garçon demande-t-il si ce qu'il dit est un péché?

9. Quels sont les mots qui reviennent constamment? Quels sont ceux qui reviennent plusieurs fois?

10. Comment expliquez-vous que les réponses de la mère soient si courtes et ses explications si peu claires?

11. Relevez dans les phrases de l'enfant la preuve qu'il ne comprend pas la gravité de ses questions et qu'il n'est pas attristé par les réponses.

Substitutions

1. Remplacez les mots suivants par des mots qui ont le *même* sens et qui sont dans le texte.

      EXEMPLE   ensuite: plus tard (l.12)

   a. également
   b. songer
   c. imaginer
   d. adulte *jeune*

2. Remplacez les mots suivants par des mots qui ont le sens *contraire* et qui sont dans le texte.

      EXEMPLE   malheureusement:
                  heureusement (l.6, p.16)

   a. naître *mourir*
   b. petit *grand*
   c. tôt *plus tard*
   d. tout le monde *personne*
   e. enfer *le ciel*

17

Ecrivez le dialogue *de votre choix* (déclaration d'amour, rupture, discussion entre un père et un fils, etc.) en utilisant le procédé d'Arrabal qui consiste à faire commencer chaque phrase par *je t'ai demandé, tu m'as dit, je t'ai dit.* Vous faites environ dix phrases.

Composition

Voici comme modèle:

> Tu m'as dit: « est-ce que tu m'aimes? »
> Et je t'ai dit: « oui, je t'aime. »...

4. Victor Hugo

(1802–1885)

L'œuvre de Victor Hugo est immense. Poète,
romancier, dramaturge, il a connu[1] un grand
succès dans tous les genres littéraires. *Notre-Dame
de Paris* et les *Misérables* sont ses romans les plus
lus; *Hernani* et *Ruy Blas* ses pièces les plus souvent
jouées. Parmi ses poésies, citons les *Contemplations*, les
Châtiments, la *Légende des Siècles*. A côté de cette
extraordinaire activité littéraire, Hugo a voulu jouer
un rôle politique. Exilé en 1852 par Napoléon III,
il revient en France en 1871, après la chute
de l'Empire et deviendra le symbole de la liberté
nationale. Comme Voltaire, cent ans avant lui,
Hugo domine son siècle sans totalement le
représenter.

L'histoire suivante est tirée des mémoires écrits par
Victor Hugo et qui ont été publiés sous le titre de
Choses vues.

---

[1] **connu**: participe passé du verbe **connaître**.

Une Soirée aux Tuileries[1]

Hier, 5 février, j'étais aux Tuileries.[2] Il y avait spectacle. Après l'opéra, tout le monde alla° dans les galeries où était dressé° le buffet, et l'on se mit° à causer.

passé simple du verbe **aller**
préparé
passé simple du verbe **se mettre**

M. Guizot[3] avait fait dans la journée à la Chambre 5 des députés un discours très noble, très beau et très fier sur notre commencement de querelle avec l'Angleterre. On parlait beaucoup de ce discours. Les uns approuvaient, les autres blâmaient.

M. le baron de Billing[4] passa auprès de moi, 10 donnant le bras à une femme que je ne voyais pas.

« — Bonjour, me dit-il. Que pensez-vous du discours? »

Je répondis:

« — J'en suis content. J'aime à voir qu'on se relève 15 enfin, dans ce pays-ci. On dit que cette fierté est imprudente, je ne le pense pas. Le meilleur moyen de n'avoir pas la guerre, c'est de montrer qu'on ne la craint pas. Voyez, l'Angleterre a plié devant les Etats-Unis il y a deux ans. Elle pliera de même 20

---

[1] Le titre a été ajouté par les éditeurs.   [2] **Les Tuileries**: palais habité par le roi Louis-Philippe et détruit par un incendie en 1871.
[3] Guizot, François (1787–1874), premier ministre de 1847 à 1848.
[4] personnage non identifié.

devant la France. Soyons insolents, on sera doux; si nous sommes doux, on sera insolent. »

En ce moment, la femme à laquelle il donnait le bras s'est tournée vers moi, et j'ai reconnu l'ambassadrice d'Angleterre.[1]   5

Elle avait l'air très fâché; elle m'a dit:

« — Oh! Monsieur!... »

J'ai répondu:

« Ah! Madame!... »

Et la guerre a fini là. Plaise à Dieu que° ce soit là   10   **Plaise** ... « Please God aussi tout le dialogue entre la reine d'Angleterre[2] et   that ... »
le roi de France.[3]

1. Où l'histoire se passe-t-elle?
2. Quelle sorte de spectacle y avait-il ce jour-là?
3. De quoi les gens parlaient-ils après le spectacle?
4. Comment l'auteur juge-t-il le discours de Guizot?
5. Quelle importance a ce détail: « donnant le bras à une femme *que je ne voyais pas* » (1.11)?
6. Pourquoi la fierté de ce discours peut-elle être imprudente?
7. Quel est, d'après l'auteur, le meilleur moyen d'éviter la guerre?
8. Pourquoi l'ambassadrice d'Angleterre a-t-elle l'air fâché?
9. Comment proteste-t-elle?
10. Quel est le souhait que fait l'auteur?
11. Est-ce que vous estimez qu'aujourd'hui l'attitude recommandée par Victor Hugo est la meilleure? Discutez ce point en prenant un exemple politique récent.

---

[1] **l'ambassadrice d'Angleterre**: Ici, la femme de l'ambassadeur, qui était alors lord Normanby.   [2] **la reine d'Angleterre**: la reine Victoria (1819–1901), reine d'Angleterre de 1837 à 1901.   [3] **le roi de France**: Louis-Philippe (1793–1850), roi des Français de 1830 à 1848.

1. Remplacez les mots suivants par des mots qui ont   **Substitutions**
   le *même* sens et qui sont dans le texte.

   EXEMPLE   préparé: dressé (l.3)

   a. commencer
   b. parler
   c. début
   d. dispute
   e. céder
   f. en colère

2. Remplacez les mots suivants par des mots qui ont
   le sens *contraire* et qui sont dans le texte.

   EXEMPLE   paix: guerre (l.18)

   a. humble
   b. peu
   c. s'abaisser
   d. poli
   e. monologue

Vous racontez une soirée en suivant le texte de   **Composition**
Victor Hugo. Deux personnes parlent, une troisième
entend une partie de la conversation et en est
choquée. Faites des phrases courtes. Environ cent
mots.

Voici comme modèle:

> Hier, j'étais à une grande soirée (ou chez des
> amis... dites s'il y avait beaucoup ou peu de
> monde, qui était là...)
> On s'est mis à parler de...
> Quelqu'un a dit...
> Je lui ai répondu...
> Quelqu'un d'autre, à qui je n'avais pas fait
> attention, a dit alors...

5. Robert Desnos

(1900–1945)

Comme beaucoup de poètes de sa génération,
Robert Desnos fut membre du groupe surréaliste,
et il écrit alors les poèmes de *Deuil pour deuil*,
La Liberté ou l'Amour. Après 1930, il quitte les
surréalistes et écrit des poèmes d'une remarquable
virtuosité verbale. Son œuvre lyrique, érotique,
pleine d'humour, connaît aujourd'hui un vif
succès. Robert Desnos est mort tragiquement dans
un camp de concentration nazi, après avoir été
libéré par les troupes américaines.

« Le Pélican » appartient aux *Chantefables pour les
enfants sages* (1944).

Le Pélican

Le capitaine Jonathan,[1]
Etant âgé de dix-huit ans,
Capture un jour un pélican
Dans une île d'Extrême-Orient.

Le pélican de Jonathan,   5
Au matin, pond un œuf tout blanc
Et il en sort un pélican
Lui ressemblant étonnamment.

Et ce deuxième pélican
Pond, à son tour, un œuf tout blanc   10
D'où sort, inévitablement,
Un autre qui en fait autant.°   en . . . qui fait la même chose

Cela peut durer pendant très longtemps
Si l'on ne fait pas d'omelette avant.

[1] **Jonathan**: prononcez ce nom de façon qu'il rime avec *ans*.

27

Questions
sur le texte

1. Quel âge a le capitaine Jonathan?
2. Que capture-t-il?
3. Où fait-il cette capture?
4. Que fait le pélican de Jonathan?
5. Quelle est la couleur de l'œuf du pélican?
6. Qu'est-ce qui sort de l'œuf?
7. A qui le second pélican ressemble-t-il?
8. Que font alors le deuxième, ~~puis~~ *then* le troisième pélican?
9. Combien de temps cela peut-il durer?
10. Que faut-il faire pour arrêter l'apparition de nouveaux pélicans?
11. Ce poème est construit sur une seule rime. Quelle est cette rime?

Exercices
sur la rime

1. Mettez le mot qui ~~manque~~ *lacks* aux vers ci-dessous (« below ») de manière que ce mot manquant rime avec le dernier mot du vers précédent. Choisissez ce mot parmi les mots suivants:

> séduisant, charmant, méchant, longtemps
> mademoiselle, celle, belle, cruelle
> amour, toujours, cour, humour
> parent, appartement, amant, enfant

> J'avais rêvé *dreamt* d'un amant, *loves*
> Ce serait le prince... *charmant*
> Il serait jeune et fidèle
> Et me dirait que je suis... *belle*
> On se marierait un jour
> Ce serait un mariage d'... *amour*
> Et puis, après un an,
> Nous aurions un bel... *enfant*

2. Composez un petit poème à la manière de Desnos en utilisant seulement des rimes en ã (an). Pour

trouver des rimes, vous pouvez utiliser le poème de Desnos, l'exercice de phonétique, et les mots donnés pour le précédent exercice. Faites de quatre à huit vers.

an [ã] <u>an</u>, bl<u>an</u>c, qu<u>an</u>d, aut<u>an</u>t, ori<u>en</u>t,
        étonnem<u>en</u>t, pr<u>en</u>d, t<u>em</u>ps

on [õ] <u>on</u>, p<u>on</u>d, b<u>on</u>, pard<u>on</u>, av<u>on</u>s,
        c<u>om</u>positi<u>on</u>, <u>om</u>brelle, soy<u>on</u>s

Opposition [ã]

[ã]	[õ]
an	on
banc	bon
sans	son
dans	dont
temps	ton
quand	qu'on
ment	mon
lent	long
blanc	blond
avant	avons
ressemblant	ressemblont
sortant	sortons
pendant	pondons

Un enfant tout blond.
Un garçon tout blanc.
Le menton d'Ivan est rond.
Il est temps qu'Yvon chante une chanson.
J'ai vu longtemps Léon l'an dernier.
Il manque un bouton à ton manteau.

6. Jean Tardieu

(1903–)

Jean Tardieu est d'abord un poète, même quand il écrit en prose, même quand il écrit pour le théâtre.

A dix-sept ans, il fait une grave dépression nerveuse,[1] qui va marquer toute son œuvre. La lutte du « moi » contre le monde extérieur n'est pas pour lui un problème théorique, mais le résultat d'une expérience vécue.[2] Et le livre, qui raconte cette expérience, devient le moyen de la transcender. Comme beaucoup d'écrivains d'aujourd'hui, Jean Tardieu est très préoccupé par les problèmes du langage et de la communication. L'humour — si important dans la poésie moderne — lui permet de rester près de la vérité en n'exagérant pas sa propre importance.

« L'Inventeur distrait » est tiré de *La Première personne du singulier.*

---

[1] **dépression nerveuse**: « nervous breakdown ».   [2] **vécue**: participe passé du verbe **vivre**.

L'Inventeur distrait

Avant d'avoir fait naufrage, je jouissais d'une
imagination débordante...°   « overflowing »

A peine éveillé, j'inventais un homme: c'était moi.
A partir de ce moment, tout devenait possible.

L'homme que j'étais s'inventait un nom, une 5
famille, une position sociale. Il se construisait une
maison, dans cette maison un appartement, dans
l'appartement des meubles.

Encore° un effort — et il imaginait le petit   ici, un autre
déjeuner du matin. Un autre, — et, en un tour de 10
main,° voilà qu'il° s'était fabriqué du linge, des   en . . . très vite
                                                         voilà . . . « lo and behold
chaussettes, un complet veston,[1] des chaussures, un   he . . . »
chapeau — et une serviette° de cuir garnie° de   « briefcase »
dossiers importants.   ici, pleine

Dernière création: l'homme que j'étais se mettait 15
en marche vers la porte de l'appartement. J'inventais
alors les premiers bruits du dehors: à l'étage au-
dessous, un voisin qui grondait° un chien, puis ce   « scolded »
chien qui jappait et grattait pour sortir. Au-dessus
du plafond, rien que le toit, car je m'étais logé au 20
sixième étage pour être plus près du grand jour:°   pour . . . pour avoir le plus de
                                                         clarté que possible

---

[1] **complet veston:** costume d'homme où le pantalon et la veste sont du
même tissu.

33

je créais donc, au-dessus du toit, le ciel silencieux.

Mais un jour je fus° distrait — ou fatigué d'inventer toujours. J'ouvris la porte de l'appartement... Malheur! J'avais oublié d'inventer l'escalier!

Je me mis à plat ventre° au bord du palier° et je 5 regardai au-dessous de moi: rien, le vide! Imbécile! J'avais même oublié d'inventer la rue! Et de quelle ville, d'ailleurs? Je n'aurais même pas pu dire son nom.

Alors, ma maison, avec le voisin d'en dessous et 10 son chien, avec son ciel silencieux, se mit à flotter au milieu de rien et nous partîmes pour une destination inconnue, doucement bercés par les vagues de l'espace, comme un vaisseau sur la mer.

passé simple du verbe **être**

Je . . . Je me couchais sur le ventre
« landing »

**Questions
sur le texte**

1. Quelle était la principale qualité du personnage?
2. Que fait-il dès qu'il est réveillé?
3. Il invente les choses dans un ordre logique. Quel est cet ordre?
4. Quels sont les verbes qui, dans ce texte, expriment l'idée d'inventer?
5. Quels sont les mots qui indiquent le moment où l'histoire se passe, et la progression du temps?
6. D'après la description de son habillement, quelle position sociale s'est-il donnée?
7. Pourquoi a-t-il décidé d'habiter le dernier étage de sa maison?
8. Quelle est la première chose que l'inventeur a oublié d'inventer?
9. Quelle explication donne-t-il à son oubli?
10. Pourquoi se met-il à plat ventre?
11. Quels sont les mots de la dernière phrase qui forment l'image du vaisseau.
12. Quel est le mot de la première phrase qui annonce la métaphore finale?

13. L'histoire se compose de deux parties. Quelles sont-elles?

14. Comment s'explique le titre, « L'Inventeur distrait »?

15. Il y a dans ce texte un passage poétique. A quels mots commence-t-il? Qu'est-ce qui vous permet de dire qu'il est poétique?

Substitutions

1. Remplacez les mots suivants par des mots qui ont le *même* sens et qui sont dans le texte.

   EXEMPLE   bénéficier: jouir (l.1)

   a. situation *position*
   b. immeuble *maison*
   c. se diriger *marche vers*
   d. mollement *doucement bercés*
   e. bateau *vaisseau*

2. Remplacez les mots suivants par des mots qui ont le sens *contraire* et qui sont dans le texte.

   EXEMPLE   couler: flotter (l.11, p.34)

   a. endormi *eveillé*
   b. rien *tout*
   c. dedans *dehors*
   d. penser à *oublier*
   e. rester *mit à flotter (partîmes)*

Composition

Reprenez la technique imaginée par Jean Tardieu: inventez-vous. Suivez le texte pour l'ordre des inventions. Inventez-vous un nom, une famille, une position sociale, l'emploi du temps de votre journée. Mettez votre histoire au passé. Faites des phrases courtes comme dans « L'Inventeur distrait » ? Cent à cent cinquante mots environ.

7. Jules Renard

(1864–1910)

Voir la notice, p. 1. Cette deuxième sélection,
tirée également de *La Lanterne sourde*, montre le
caractère non-conformiste de Jules Renard. Il se
moque ici des idées toutes faites, des clichés qui sont
la conversation des imbéciles. Seul le titre permet
au lecteur de voir ce que l'auteur pense de ses
personnages.

L'Amateur de clichés

Eloi fait une visite. Il entre à pas discrets,° trouve
Madame seule, assise au coin du feu, lui touche le bout
des doigts, s'assied° et dit, son chapeau sur ses genoux :

— Voici l'hiver, chère Madame.

— En vérité, dit-elle, je ne peux déjà plus me 5
passer du feu.

— Vous brûlez du bois, chère Madame ?

— Oui, le bois est moins économique que le
charbon, mais il n'entête pas.°

— Vous avez raison, chère Madame. 10

— Et puis j'aime tant la clarté du feu !

— Comme moi, chère Madame.

— Je resterais là des jours. Je pense ; je pense,
beaucoup.

— Moi aussi, chère Madame. 15

— Je n'ai même plus le courage de lire. A quoi
bon ?° Je regarde ces flammes. J'y vois toutes sortes
de choses, des châteaux qui s'écroulent, des animaux
vivants, de petites multitudes. Peut-être suis-je une
originale, une femme différente des autres, mais, 20
vous me croirez si vous voulez, mon cher ami,
positivement, moi je lis dans le feu. Comprenez-
vous ? Je-lis-dans-le-feu !

—Rien ne m'étonne de votre part,° dit Eloi, et pourtant celle-là est bien bonne.°

astonishes me
yet

de . . . venant de vous
bien . . . se dit d'une histoire vraiment spirituelle

Il se lève; il a fini; il va, par° d'autres salons, en écouter de meilleures encore.

ici, dans

Questions sur le texte

1. Qu'est-ce qu'Eloi vient faire chez la dame?
2. Si Eloi garde son chapeau sur les genoux, qu'est-ce que cela indique pour la durée de sa visite?
3. En quelle saison l'histoire se passe-t-elle?
4. Pourquoi la dame préfère-t-elle le bois au charbon?
5. Pourquoi la dame pourrait-elle rester des jours à regarder le feu?
6. Que voit-elle dans les flammes?
7. Pour quelle raison s'estime-t-elle différente des autres femmes?
8. Pourquoi Eloi n'est-il pas étonné de ce que dit la dame?
9. Après cette visite, que fait Eloi?
10. Cette histoire s'appelle « L'Amateur de clichés ». Indiquez toutes les expressions qui vous semblent être des clichés.
11. Des deux personnages, quel est celui qui parle le plus? Quel est le rôle d'Eloi dans ce dialogue?

Substitutions

1. Remplacez les mots suivants par des mots qui ont le *même* sens et qui sont dans le texte.

    EXEMPLE   réfléchir: penser (l.13)

    a. bon marché
    b. tellement
    c. contempler
    d. foule
    e. surprendre

2. Remplacez les mots suivants par des mots qui ont le sens *contraire* et qui sont dans le texte:

> EXEMPLE   sortir: entrer (l.1)

a. été
b. tort
c. obscurité
d. mort
e. conformiste
f. semblable

Composition

Ecrivez un dialogue comme celui de Jules Renard, où les gens ne disent que des pensées conventionnelles, des sottises.

Vous pouvez toucher à plusieurs sujets, par exemple le temps qu'il fait, la politique, l'éducation, la différence entre les générations, etc. Vous êtes libres de choisir, mais suivez de près la méthode de l'auteur: un personnage parle, l'autre approuve. Faites des phrases courtes, au présent. Evitez surtout de traduire en français des clichés de votre langue. Environ cent mots.

8. Paul Fort

(1872–1960)

Paul Fort a été couronné [*crowned*] « prince des poètes ».
Effectivement toute sa vie a été consacrée à la
réalisation de sa vocation de poète. Il écrit avec
facilité une œuvre [*work*] qui vient du cœur et qui se
caractérise par une grande fantaisie verbale. Les
grands problèmes n'intéressent pas Paul Fort.
Très tôt, il a trouvé un instrument poétique, la
ballade, qui est quelquefois assez voisine de la
chanson. Il a laissé dix-sept volumes de ballades.

La Fille morte dans ses amours

Cette fille, elle est morte, est morte dans° ses amours.

Ils l'ont portée en terre,° en terre au point du jour.°

Ils l'ont couchée toute seule, toute seule en ses atours.°

Ils l'ont couchée toute seule, toute seule en son cercueil.

Ils sont rev'nus[1] gaîment, gaîment avec le jour.   5

Ils ont chanté gaîment, gaîment : « Chacun son tour. »°

« Cette fille, elle est morte, est morte dans ses
                                  amours. »

Ils sont allés aux champs, aux champs comme tous 8
                                  les jours...

dans° pendant le temps de

Ils l'ont portée en terre,° ils ... ils l'ont enterrée, « buried »
au ... au moment où le jour commence
en ses atours° « attire »

Chacun son tour.° chacun ... « each of us in his turn will die »

---

[1]**rev'nus:** « revenus », pour indiquer que le *e* ne se prononce pas.

Les élèves ont leur livre fermé. Le professeur lit lentement tout le poème. Il relit ensuite les deux premiers vers; puis il pose des questions:

1. Qu'est-ce qui est arrivé à la fille?
2. A quelle époque de sa vie est-elle morte?
3. Où l'a-t-on portée en terre?

Après avoir répondu aux questions, toute la classe participe à la reconstitution des deux premiers vers. Un élève les écrit au tableau. Toute la classe participe à la correction des fautes.

Le professeur lit les vers 3 et 4 et pose ensuite les questions:

4. Comment la fille est-elle couchée?
5. Que signifie *en ses atours*?
6. Où l'ont-ils couchée?
7. Les vers 3 et 4 sont identiques à l'exception de deux mots qui changent. Quels sont ces deux mots?

La classe reconstitue les vers 3 et 4. Un élève les écrit au tableau. La classe corrige les fautes et relit ensuite à haute voix les 4 premiers vers.

Le professeur lit les vers 5 et 6.

8. Qu'est-ce qu'ils ont fait après avoir enterré la fille?
9. Quel mot indique qu'ils n'étaient pas tristes?
10. A quel moment sont-ils revenus?
11. Que faisaient-ils en rentrant?
12. Que signifie l'expression *chacun son tour* dans ce poème?

La classe reconstitue les vers 5 et 6. Un élève les écrit au tableau. Toute la classe corrige les fautes.

Le professeur lit les vers 7 et 8.

13. Le vers 7 est la répétition de quel vers?
14. Où sont-ils allés après avoir porté la fille en terre?

15. Qui sont les gens qui vont tous les jours aux champs?

La classe reconstitue les vers 7 et 8. Un élève les écrit au tableau. Toute la classe corrige les fautes. Puis elle relit à haute voix tout le poème.

On efface alors le tableau. Chaque élève essaie de reconstituer par écrit le poème de mémoire.

1. Remplacez les mots suivants par des mots qui ont le *même* sens et qui sont dans le texte.

Substitutions

EXEMPLE enterrer: porter en terre (vers 2)

a. joyeusement
b. rentrer
c. aube
d. allonger

Exercice de phonétique

o fermé [o]   eau, sauce, pause, chose, mot, pot, pôle

ou   [u]   amour, pour, atour, tour, coucher, roue, rouge, coup

Opposition	[o]	[u]
	oh!	ou
	beau	bout
	faux	fou
	saut	sou
	tôt	tout
	mot	mou
	trop	trou
	chaud	chou
	dos	doux

Ils l'ont couchée là-haut.
Aujourd'hui tu t'es levé trop tôt.
Elle avait mis trop de rose sur ses joues.
Ils ont ôté leur chapeau pour saluer la pauvre fille couchée dans son tombeau.

9. René de Obaldia

(1918–)

Obaldia est un auteur original qui n'appartient à aucun groupe. Il a d'abord écrit des contes, des récits, des romans, *Les Richesses naturelles*, *Tamerlan des cœurs*, *Fugue à Waterloo*, *Le Centenaire*, où l'on trouve une poésie d'inspiration surréaliste mêlée à une ironie comique très personnelle. Il s'est tourné ensuite vers le théâtre. Sa première pièce, *Génousie*, a connu un bon succès; il a écrit de nombreuses pièces très courtes avec très peu de personnages et surtout *Du Vent dans les branches de sassafras*, qui se présente comme une parodie du western américain.

« Fumées » a paru dans *Les Richesses naturelles*.

Fumées

Le couple vient d'entrer dans la chambre d'hôtel.
Le garçon° se retire, puis revient silencieusement sur
ses pas.° Il observe par une fente° de la porte,
habilement pratiquée.° Un beau couple. La femme
se fait déshabiller par l'homme. Leurs moindres ⁵
mouvements sont empreints de passion. Lorsqu'elle
est nue, l'homme recule et sort un revolver. Le
garçon se mord le poing pour ne pas crier. Un coup
de feu atteint la femme au cœur. L'amoureuse
s'effondre° et se transforme en boule de verre.° 10

Le garçon claque des dents.° Il rêve. Il n'est pas
garçon d'hôtel. L'hôtel n'existe pas. Lui-même n'a
jamais existé. Ce n'est pas possible !

L'homme a posé la boule de verre sur la table de
nuit. Il s'assied° sur le bord du lit, et, se penchant sur 15
la boule, lit l'avenir. Il lit qu'il y a le garçon d'hôtel
derrière la porte en train d'épier.° Et le garçon
d'hôtel prend nettement conscience qu'il le sait, qu'il
va ressortir son arme et que... non, non, ce n'est pas
possible !... Le garçon ouvre la porte et tombe à 20
genoux sur le tapis :

— Non, non, ne tirez pas... Je vous demande
pardon... Je ne vous veux aucun mal...° la curiosité

ici, l'homme qui montre la chambre et porte les bagages
revient . . . revient à l'endroit où il était avant
« crack » faite

« collapse »
boule . . . « crystal ball »

claque . . . « his teeth chattered (from fear) »

présent du verbe **s'asseoir**

en . . . « in the process of spying »

je . . . je n'ai pas d'intentions mauvaises

51

simplement... Ne tirez pas... J'ai une femme...
quatre enfants... non, non... suis un honnête
homme...

Silence dans la pièce. Le garçon se relève. Deux
vieillards à barbe en habit[1] se tiennent devant le 5
rideau cramoisi du fond et le regardent fixement.
Celui de gauche appuie sur le bouton de sonnette.

— Prosper, je m'appelle Prosper, crie le garçon.

La terreur l'envahit. Le directeur va venir,
demander des explications. Une place qu'il vient 10
d'obtenir avec tant de mal. Les vieillards raconteront
tout...

Trois coups discrets; la porte s'ouvre. Le directeur
entre au milieu de la chambre, souriant, se frottant
les mains. Une langouste dépasse ostensiblement de 15
sa poche. Il néglige Prosper, se dirige vers la table
de nuit d'où il sort le revolver et tire sur les vieillards.
Les vieillards disparaissent en fumée. Le couple est
au lit et la femme demande une camomille.°   « camomile, type of herbal tea »

— Eh bien! Prosper, vous entendez, s'impatiente 20
le directeur,° Madame demande une camomille!   **s'impatiente** . . . dit le directeur avec impatience

Prosper descend faiblement les étages. Il balbutie
« momille » et s'évanouit sur la dernière marche.

Questions
sur le texte

1. Que fait le garçon après s'être retiré?
2. Pourquoi le garçon se mord-il le poing pour ne
   pas crier?
3. Que devient la jeune femme après que l'homme
   a tiré sur elle?
4. Qu'est-ce que l'homme voit dans la boule de
   verre?
5. Pourquoi le garçon ouvre-t-il la porte et tombe-
   t-il à genoux?

[1] **en habit**: en costume de soirée pour les hommes.

6. Qui remplace le couple dans la chambre?
7. De quoi le garçon a-t-il maintenant peur?
8. Quel est le détail ridicule dans l'habillement du directeur?
9. Quelle est la conséquence du coup de revolver du directeur?
10. Que demande la dame?
11. Pourquoi le garçon s'évanouit-il sur la dernière marche?

Substitutions

1. Remplacez les mots suivants par des mots qui ont le *même* sens et qui sont dans le texte.

> EXEMPLE   couché: au lit (1.19, p.52)

a. s'en aller
b. regarder
c. surveiller
d. chambre
e. peur

2. Remplacez les mots suivants par des mots qui ont le sens *contraire* et qui sont dans le texte.

> EXEMPLE   bruyamment: silencieusement
> (1.2, p.51)

a. passé
b. fermer
c. bien
d. apparaître
e. monter

Composition

Vous racontez le rêve de votre choix, mais vous suivez le plan de « Fumées ». Votre récit est au présent, les phrases sont courtes. Environ cent à cent cinquante mots.

Voici comme modèle:

> Vous exposez d'abord la situation.
> Exemple: un couple vient d'entrer dans la
> chambre. Le garçon...

> Vous introduisez, sans vous étonner, un
> élément irréel:
> Exemple: l'amoureuse s'effondre et se trans-
> forme en boule de verre...

> Le personnage réagit à cette étrangeté:
> Exemple: le garçon claque des dents...

> Vous faites une conclusion de votre choix,
> logique ou illogique.

10. Tristan Derême

(1889–1942)

Voir la notice, p. 7. Si Tristan Derême est
surtout un poète, il a pourtant écrit plusieurs
volumes de prose, où il montre moins sa sensibilité
et davantage son sens d'humour.

Il a consacré un livre à *Patachou, petit garçon.*

COLOS

Patachou

C'est ce petit garçon dont je vous parlais l'autre
semaine. On me l'a confié pour un mois; son père
et sa mère voyagent en Espagne. Nous leur écrivons
tous les jours.

Patachou saute et danse dans mon jardin de 5
Passy.[1] Il parle aux moineaux° et tente de mettre   « sparrow »
du sel sur la queue du merle.°[2] Car il y a un merle   « blackbird »
qui, après déjeuner, descend sur le sable, sous les
marronniers. Les moineaux n'en sont pas effrayés,
ils s'écartent pourtant, avec une manière de défé- 10
rence, pour le laisser passer. On dirait un autobus
dans un embarras de taxis.° Le merle siffle, s'envole   embarras . . . « traffic jam
et se pose sur la tonnelle. Patachou demeure la   (of taxis) »
bouche ouverte, la salière à la main.

— C'est un merle, lui dis-je.   15

— Comment le sais-tu?

— Quand j'étais tout petit, on m'a dit, comme je
te le dis, que c'était un merle.

— Quand tu étais tout petit, il n'était pas né.
Alors on ne t'a pas dit comment il s'appelait.   20

— Oui, mais j'ai connu son grand-père. C'était

---

[1] **Passy**: quartier élégant de Paris.   [2] On fait croire aux enfants qu'ils
prendront un oiseau s'ils réussissent à lui mettre du sel sur la queue.

le grand-père merle; et son petit-fils, que tu vois,
porte le même nom.

— Il te l'a dit?

— Non, il ne me l'a pas dit; mais il s'appelle
merle.   5

— S'il ne te l'a pas dit, tu n'en sais rien.

— Comment veux-tu qu'il me le dise? Il ne parle
pas. Il siffle.

— Oui, mais il n'y a que lui qui sache° son vrai   *présent du subjonctif du verbe* **savoir**
nom. Si je ne le disais pas, est-ce qu'on saurait° que 10   *présent du conditionnel du verbe* **savoir**
je m'appelle Patachou? Si je sifflais, tu croirais
peut-être que je m'appelle merle. Quand tu m'ap-
pelles: Patachou! je viens.

Il appelle le merle; le merle s'envole encore.

— Tu vois bien, dit Patachou, qu'il ne s'appelle 15
pas merle.

1. Pourquoi Patachou habite-t-il provisoirement
   chez l'auteur?

2. Quel âge a, à votre avis, Patachou?

3. Pourquoi la phrase, *nous leur écrivons tous les
   jours* (p.57, l.3), fait-elle sourire? Qui écrit en
   réalité?

4. Qu'est-ce que Patachou voudrait faire au merle?

5. Pourquoi les moineaux s'écartent-ils pour laisser
   passer le merle?

6. Que fait le merle lorsque Patachou s'approche
   de lui?

7. Comment l'auteur sait-il que l'oiseau s'appelle
   merle?

8. Quelle est l'objection de Patachou à cette
   explication?

9. Qu'est-ce qu'il faudrait pour que Patachou croie
   que l'oiseau s'appelle bien merle?

10. Comment peut-on vérifier que Patachou s'appelle bien Patachou?
11. L'oiseau s'envole. Qu'est-ce que cela prouve?
12. Comme toujours dans un texte amusant où un enfant discute avec un adulte, c'est la logique de l'enfant qui est supérieure à celle de l'adulte. Donnez-en quelques exemples.

Substitutions

1. Remplacez les mots suivants par des mots qui ont le *même* sens et qui sont dans le texte.

> EXEMPLE   la semaine dernière: l'autre semaine (1.1–2, p.57)

a. essayer
b. avoir peur
c. s'éloigner
d. sorte
e. respect
f. rester

2. Remplacez les mots suivants par des mots qui ont le sens *contraire* et qui sont dans le texte.

> EXEMPLE   fille: garçon (1.1, p.57)

a. monter
b. se rapprocher
c. fermé
d. ignorer
e. faux
f. s'en aller

Composition

Patachou n'est pas un oiseau. S'il était un oiseau, il sifflerait. Sur ce principe de supposition, imaginez une petite histoire ou un court poème (non rimé) dont toutes les phrases commenceraient par « si j'étais » ou « si je » + un verbe à l'imparfait. Vous pouvez supposer être un oiseau, une fleur, une couleur, un Martien, tout ce que vous voudrez. Il n'est pas utile qu'il y ait un lien logique entre les suppositions. Cent mots au maximum.

> Si je sifflais tu croirais peut-être...
> Si j'étais un oiseau, je volerais si haut que je toucherais le soleil...
> Si j'étais une fleur...

11. Guillaume Apollinaire
(1880–1918)

Apollinaire a exercé une influence considérable sur le développement d'une nouvelle appréhension du monde par l'artiste. Comme critique d'art, il a lutté pour le succès des cubistes, notamment Picasso et Braque. Poète, il essaie d'imposer une esthétique assez voisine de celle de ses amis peintres. Il part le plus souvent d'une expérience personnelle, tantôt élégiaque, tantôt traitée de manière ironique, et cherche à découvrir sous la réalité apparente des vérités plus profondes.

Blessé grièvement à la tête pendant la première guerre mondiale, il meurt deux jours avant la signature de l'Armistice.

Principales œuvres: *L'Hérésiarque et Cie*, *Alcools*, *Caligrammes*, *Les Mamelles de Tirésias*.

En 1911, Apollinaire est accusé d'avoir participé à un vol de statuettes au musée du Louvre. Il est arrêté et passe quelques jours à la prison de la Santé, puis il est relâché. C'est ce souvenir qu'il évoque dans les six poèmes d'*Alcools*, appelés « A la Santé ». Nous donnons ici le quatrième. On notera l'absence de ponctuation qui demande une plus grande participation au lecteur.

61

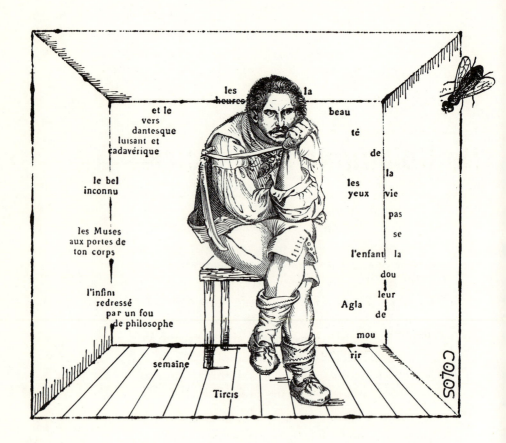

A la Santé
(extrait)

Que° je m'ennuie entre ces murs tout nus   comme
     Et peints de couleurs pâles
Une mouche sur le papier à pas menus°   à ... « with small steps »
     Parcourt mes lignes inégales

Que deviendrai-je ô Dieu qui connais[1] ma douleur 5
     Toi qui me l'as donnée
Prends en pitié° mes yeux sans larmes ma pâleur   prends ... « have pity on »
     Le bruit de ma chaise enchaînée

Et tous ces pauvres cœurs battant° dans la prison   participe présent du verbe **battre,** « to beat »
     L'Amour qui m'accompagne°   10   **L'Amour** ... prends en pitié ... l'Amour qui m'accompagne
Prends en pitié surtout ma débile raison
     Et ce désespoir qui la gagne°   **qui** ... qui petit à petit la pénètre

[1] **qui connais:** On invoque toujours Dieu à la deuxième personne, **tu.**

63

1. Où est le poète quand il écrit ces vers?
2. Quel est le sentiment qu'il mentionne immédiatement?
3. Quels sont les adjectifs qui servent à décrire le décor?
4. Quel rapport pouvez-vous trouver entre l'ennui du premier vers et la mouche du troisième?
5. Pourquoi *mes lignes inégales*? De quelle sorte d'écrit s'agit-il?
6. Quel sentiment est contenu dans la question *que deviendrai-je*?
7. Pourquoi Dieu connaît-il la douleur du poète?
8. Qu'est-ce que le poète demande à Dieu?
9. Pourquoi ses yeux sont-ils sans larmes?
10. A quel moment pense-t-il aux autres prisonniers?
11. Comment expliquez-vous que l'Amour l'accompagne en prison?
12. Comment peut-on justifier l'adjectif *débile*?
13. Si *je m'ennuie* est l'expression-clef du premier vers, quel est le mot-clef du dernier vers?
14. Chaque strophe est dominée par un sentiment différent. Quelle est la progression du poème?
15. La seconde strophe finit au mot *enchaînée*. Mais la phrase continue. A quel mot le sens se finit-il et faudrait-il un point si le texte était ponctué?

1. Remplacez les mots suivants par des mots de sens *contraire* qui sont dans le texte.

      EXEMPLE   ma rougeur: ma pâleur (vers 7)

  a. ignorer
  b. joie
  c. espérance
  d. m'amuser
  e. fort

i   [i]   ville, vie, riz, ruine, pire, fini, triste
ou   [u]   bout, trou, route, rougir, lourd, sous
u   [y]   mur, nu, luxe, muse, brûle, cellule

Oppositions	[i]	[y]	[u]
	dis	du	doux
	bile	bulle	boule
	mille	mule	moule
	fit	fut	fou
	gît	jus	joue
	pie	pu	pou
	cire	sur	sourd
	ri	rue	roue
	mie	mû	mou
	remis	remue	remous
	hérisse	russe	rousse

Tu es triste entre les murs nus de la prison.
Tu n'as plus d'amis, plus d'amour.
Dans la rue une roue tourne.
Tu écoutes les bruits de la ville.
Une mouche parcourt à pas menus les lignes
qu'il écrit sur le livre.
Tu es devenu sourd, c'est pire que tout.
Vous avez ici une belle vue du pays.

12. Charles Vildrac

(1882–)

Charles Vildrac a fait partie, avec Jules Romains et Georges Duhamel, du groupe de « l'Abbaye » et est un des créateurs de la poésie « unanimiste ». Mais c'est surtout comme auteur dramatique qu'il est connu aujourd'hui. Sa première pièce, *Le Paquebot Tenacity* (1921), est jouée pendant trois ans. Vildrac met en scène des personnages simples, sympathiques, ayant le goût de l'amitié et qui expriment peu leurs sentiments. Ses principales pièces sont:
Le Pèlerin (1926), *Le Jardinier de Samos* (1929), *La Brouille* (1930).

Découvertes, d'où est tiré le conte « Générosités », faillit obtenir le prix Goncourt[1] en 1912.

---

[1] Le prix Goncourt est le plus célèbre des prix littéraires français.

Générosités

Je me rends° à pied chez des amis, pour déjeuner avec eux. A mon côté passe un chien qui porte dans sa gueule un paquet soigneusement ficelé.°

Ce chien me devance° et je vois bien qu'il est seul: On l'a chargé d'une mission dont il s'acquitte avec 5 entrain et fierté; je veux savoir où il va et je presse le pas.° Je le vois bientôt s'arrêter devant une boutique. Sans hésiter, sans lâcher son paquet, le chien se dresse contre la porte close, la gratte avec ses pattes et attend. On l'a compris de l'intérieur: La porte s'ouvre, il 10 entre.

Ç'a été très amusant; et je pense, en continuant ma route,° que je vais raconter tout à l'heure à mes amis ce que j'ai vu.°

Je commence déjà, en moi-même:° 15

— Figurez-vous qu'en venant,° j'ai vu un chien extraordinaire...

Et je prépare mon récit, activement, par plaisir.°

L'imagination intervient, généreuse. Elle amplifie, elle agrémente.° Il s'agit d'intéresser sûrement. Si je 20 requiers° l'attention des gens, il faut qu'ils aient lieu de m'en tenir gré,° autrement ce n'est pas la peine...°

J'arrive chez mes amis. Je ne peux pas, bien sûr,

je . . . je vais

« tied up with string »

me . . . marche devant moi

je . . . j'accélère, je marche plus vite

en . . . « going on my way »
participe passé du verbe **voir**

en . . . « to myself »

en . . . « on my way here »

par . . . « for my own enjoyment »

invente des détails plaisants

demande

m'en . . . en être satisfait
ce . . . cela ne mérite pas l'effort

69

leur parler immédiatement de mon chien, mais je n'oublie pas.

On se met à table.° Je profite des silences qui provoquent les bavards,° au début du repas, et tandis qu'on commence à verser à boire,° je me 5 décide:

— Figurez-vous qu'en venant...

On me sait gré de l'initiative,° on m'écoute, on attend. Je poursuis, volubile: Le chien arrive à la porte. Comme elle est fermée, il fait une mine 10 déçue° et comique; il regarde à droite et à gauche s'il n'a pas à compter sur aucune aide; puis son parti° est pris: il pose tranquillement son paquet par terre, se dresse, atteint le bec-de-cane° avec sa patte, et après plusieurs tentatives parvient° à ouvrir la 15 porte. Il reprend alors son paquet et entre, victorieux.

Voilà.° On est très content de mon petit récit, on rit, on s'émerveille et la conversation s'engage sur l'intelligence des animaux; les anecdotes vont se 20 multiplier.

Je n'ai pas honte. Mes mensonges n'étaient pas tous prévus;° les plus importants, je les ai commis° presque malgré moi, dans le feu° du récit. Ils m'apparaissent surtout après; et j'ai besoin main- 25 tenant de les confirmer, de les consolider à mes propres yeux, de braver ma pudeur. Et j'ajoute, invoquant d'imaginaires témoins:

— Tous les passants se tordaient...°

Glosses (right margin):

on ... on s'asseoit à table pour déjeuner
qui ... qui incitent les bavards à parler
verser ... « to pour drinks »

on ... on apprécie favorablement mon initiative

« disappointed » *participe passé du verbe* **décevoir**

décision

« doorknob »

réussit

mot qui indique que le discours est fini

préparés
participe passé du verbe **commettre**
ici, la chaleur

pop., riaient beaucoup

1. Où va le narrateur?
2. Qu'est-ce que le chien porte dans sa gueule?
3. A votre avis, le chien est-il vraiment fier ou est-ce l'auteur qui lui attribue un sentiment humain?

Questions sur le texte

4. Que fait le chien quand il arrive devant la boutique?
5. Quelle est la première réaction du narrateur en voyant cette scène?
6. Que fait alors l'imagination du narrateur?
7. Comment le narrateur justifie-t-il à ses propres yeux les améliorations qu'il apporte à son histoire?
8. Pourquoi ne parle-t-il pas du chien à ses amis en arrivant?
9. A votre avis, est-ce au chien ou à son histoire que le narrateur s'intéresse vraiment?
10. Indiquez tout ce que le narrateur ajoute à la véritable histoire.
11. Quelle est la réaction des amis au récit du narrateur?
12. Pourquoi le narrateur a-t-il besoin de mentionner des témoins imaginaires puisque personne ne doute de son histoire?

1. Remplacez les mots suivants par des mots qui ont le *même* sens et qui sont dans le texte.   **Substitutions**

    EXEMPLE   essai: tentative (l.15, p.70)

    a. exécuter
    b. magasin
    c. fermé
    d. drôle
    e. aussitôt
    f. satisfait

2. Remplacez les mots suivants par des mots qui ont le sens *contraire* et qui sont dans le texte.

    EXEMPLE   suivre: devancer (l.4, p.69)

    a. extérieur
    b. diminuer

    c. se rappeler

    d. vaincu

    e. vérité

    f. réel

Composition

Vous faites le même récit, mais raconté cette fois par le chien. Il dit ce qu'il fait, ce qu'il pense de son travail, des autres chiens, de ses maîtres, des passants qui le regardent avec admiration, mais qui ne l'aident pas, etc. Vous pouvez donner au chien le caractère que vous voulez, modeste, orgueilleux, revendicateur, révolutionnaire, etc. Le récit sera à la première personne et au présent. Cent à cent cinquante mots environ.

13. George Sand
[Aurore Dupin]
(1804–1876)

Tout le monde a entendu parler de George Sand, même ceux qui ne connaissent pas ses livres, à cause de ses amours avec Musset et Chopin. Championne de l'amour libre et de l'émancipation de la femme, elle applique ses théories dans ses premiers romans et dans sa vie.

Plus tard, elle devient socialiste et ce socialisme, assez utopique et sentimental, nous semble aujourd'hui un peu démodé. Cependant George Sand reste un des écrivains les plus importants du dix-neuvième siècle. Principaux romans: *Indiana* (1831), *Mauprat* (1837), *Consuelo* (1842), *La Mare au Diable* (1849).

Le passage suivant, tiré d'*Histoire de ma vie*, raconte une aventure survenue à l'auteur, quand elle était petite fille et voyageait avec sa mère en Espagne pendant les guerres de Napoléon I.

Les Trois Bandits[1]

La nuit était claire, mais de gros arbres bordaient la route et y jetaient par moments beaucoup d'obscurité. J'étais sur le siège de la voiture avec le jockey.[2] Le postillon[3] ralentit ses chevaux, se retourna et cria au jockey: *Dites à ces dames de ne pas avoir peur,* 5 *j'ai de bons chevaux.* Ma mère n'eut pas besoin que cette parole lui fût° transmise; elle l'entendit, et s'étant penchée à la portière, elle vit° aussi bien que je les voyais trois personnages, deux sur un côté de la route, l'autre en face, à dix pas de nous environ. Ils 10 paraissaient petits et se tenaient immobiles. « Ce sont des voleurs, cria ma mère, postillon, n'avancez pas, retournez, retournez! Je vois leurs fusils. »

imparfait du subjonctif du verbe **être**

passé simple du verbe **voir**

---

[1] Le titre a été ajouté par les éditeurs.   [2] **jockey:** *ici,* le cocher. Le mot n'est plus employé aujourd'hui dans ce sens.   [3] **postillon:** second cocher, qui est assis sur les chevaux de devant, quand il y a six chevaux à la voiture.

Le postillon, qui était français,[1] se mit à rire, car cette vision de fusils lui prouvait bien que ma mère ne savait guère° à quels ennemis nous avions affaire. Il jugea prudent de ne pas la détromper, fouetta ses chevaux et passa résolûment au grand trot° devant 5 ces trois flegmatiques personnages, qui ne se dérangèrent pas le moins du monde° et que je vis distinctement, mais sans pouvoir dire ce que c'était. Ma mère, qui les vit à travers sa frayeur, crut° distinguer des chapeaux pointus, et les prit pour une sorte de 10 militaires. Mais quand les chevaux, excités et très effrayés pour leur compte,° eurent fourni° une assez longue course, le postillon les mit au pas,° et descendit pour venir parler à ses voyageuses. « Eh bien,° mesdames, dit-il en riant° toujours, avez-vous 15 vu° leurs fusils? Ils avaient bien quelque mauvaise idée, car ils se sont tenus debout tout le temps qu'ils nous ont vus. Mais je savais que mes chevaux ne feraient pas de sottise. S'ils nous avaient versés dans cet endroit-là, ce n'eût pas été une bonne affaire 20 pour nous. — Mais enfin, dit ma mère, qu'est-ce que c'était donc? — C'étaient trois grands ours de montagne, sauf votre respect,° ma petite dame. »

Ma mère eut plus peur que jamais, elle suppliait le postillon de remonter sur ses chevaux et de nous 25 conduire bride abattue° jusqu'au prochain gîte,[2]...

ne . . . ne se doutait pas, n'avait pas idée

grand . . . « at a quick trot »

qui . . . qui restèrent à la même place sans bouger

passé simple du verbe **croire**

pour . . . de leur coté, en ce qui les concerne
ici, fait
au . . . « at a slow walk »

eh . . . « well »
participe présent du verbe **rire**
participe passé du verbe **voir**

sauf . . . « with all due respect »

bride . . . au grand galop, à toute vitesse

1. En quoi les renseignements au début de l'histoire, *la nuit était claire, beaucoup d'obscurité,* ont-ils de l'importance pour justifier le récit?
2. Pourquoi le postillon dit-il aux voyageurs de ne pas avoir peur?

Questions sur le texte

[1] **qui était français**: madame Dupin était femme d'officier et l'armée assurait son transport. Le postillon est un soldat. Il comprend donc ce que dit la mère. [2] **gîte**: endroit où l'on s'arrête pour coucher.

3. Qu'est-ce que la mère de la narratrice voit sur la route?

4. Quelle est la réaction de la mère en voyant ces trois personnages?

5. Pourquoi veut-elle retourner?

6. Pourquoi le postillon rit-il de ce que lui dit la mère?

7. Pourquoi ne dit-il pas que ce ne sont pas des voleurs?

8. Qu'est-ce que fait le postillon pour éviter le danger?

9. Qu'est-ce que la mère croit encore apercevoir?

10. Comment expliquez-vous son erreur?

11. Qui sont en réalité les trois voleurs?

12. Quelle est la réaction de la mère quand elle apprend la vérité?

13. La mère n'a cessé de se tromper. Mais qu'est-ce que la narratrice a remarqué, elle qui était beaucoup mieux placée pour voir?

Substitutions

1. Remplacez les mots suivants par des mots qui ont le *même* sens et qui sont dans le texte.

EXEMPLE   au milieu: en face (l.10, p.75)

a. à peu près
b. avoir l'air
c. ignorer
d. intention
e. suivant

2. Remplacez les mots suivants par des mots qui ont le sens *contraire* et qui sont dans le texte.

EXEMPLE   sombre: clair (l.1, p.75)

a. jour
b. accélérer

    c. mauvais

    d. pleurer

    e. nerveux

Vous racontez une histoire de votre imagination mais **Composition**
vous suivez le texte de George Sand. Faites des
phrases courtes, au passé. Environ cent à cent
cinquante mots.

1. Le décor:

    a. Il faisait beau   le ciel était clair
                vilain   sombre
                chaud   gris
                froid, etc.   bleu
                                   nuageux, etc.

    b. Nous étions sur
           une route droite   bordée d'arbres
                  qui tournait   de maisons
                    beaucoup   de champs
                    étroite   de montagnes,
                  déserte, etc.   etc.

    c. Nous étions assis(es) à l'avant   du taxi
                         à l'arrière, de la voiture
                           etc.   de l'autobus,
                                  etc.

2. Vous racontez ensuite votre histoire (vous pou-
    vez modifier le modèle si cela arrange votre
    récit):

    Le chauffeur nous a dit de ne pas avoir peur.
    Ma mère s'est penchée et a vu...

14. Jacques Prévert
(1900–)

Comme beaucoup de poètes contemporains, Prévert a été membre du groupe surréaliste. Il est aujourd'hui célèbre par ses films, *Quai des brûmes*, *Drôle de drame*, *Les Visiteurs du soir*, *Les Enfants du Paradis*, et par ses poèmes. Après la deuxième guerre mondiale, *Paroles* obtint un succès exceptionnel pour un livre de poésie. La gentillesse de Prévert, son non-conformisme, sa haine des autorités, son goût de la pureté, son humour apportaient une fraîcheur nouvelle qui enchanta un large public. Un grand nombre de ses poèmes ont été mis en musique et sont devenus des chansons célèbres. Avec des moyens limités, Prévert s'est fait une place originale dans la littérature d'aujourd'hui.

Le poème qui suit est tiré d'*Histoires* (1946). On remarquera l'absence de ponctuation dans ce texte.

Le Tendre et Dangereux
Visage de l'amour

Le tendre et dangereux
  visage de l'amour
m'est apparu° un soir
après un trop long jour

participe passé du verbe
apparaître « to appear »

C'était peut-être un archer   5
  avec son arc
ou bien un musicien
  avec sa harpe
Je ne sais plus
Je ne sais rien   10
  Tout ce que je sais
c'est qu'il m'a blessée
peut-être avec une flèche
peut-être avec une chanson
  Tout ce que je sais   15
c'est qu'il m'a blessée
  blessée au cœur
et pour toujours
Brûlante trop brûlante
blessure de l'amour.   20

81

Les élèves ont leur livre fermé. Le professeur lit lentement tout le poème. Il relit les quatre premiers vers, puis il pose des questions:

1. Quels sont les adjectifs qui qualifient le visage de l'amour?
2. A quel moment de la journée le visage est-il apparu?
3. Comment était le jour où ce visage est apparu?

Après avoir répondu aux questions, toute la classe participe à la reconstitution des quatre premiers vers. Un élève les écrit au tableau. Toute la classe participe à la correction des fautes et les élèves relisent à haute voix les quatre premiers vers.

Le professeur lit les quatre vers suivants et pose les questions:

4. Quels sont les deux personnages qui ont pu prendre le visage de l'amour?
5. Pourquoi un archer? Quel est le symbole représenté ici?
6. Avec quoi l'archer a-t-il pu blesser la femme?
7. Avec quoi le musicien a-t-il pu blesser la femme?

La classe reconstitue les vers 5 à 8. Un élève les écrit au tableau. La classe corrige les fautes et tous les élèves relisent à haute voix ces quatre vers.

Le professeur lit les vers 9 à 14 et pose les questions:

8. Quel est le mot qui est répété trois fois dans ces quatre vers?
9. Quelle est la seule certitude de la femme?
10. Quel mot au début du poème justifie cette blessure?
11. Comment la femme a-t-elle été blessée?
12. Quel est le mot qui correspond à *arc* (vers 6)?
13. Quel est le mot qui correspond à *musicien* (vers 7)?

14. Quel mot, répété deux fois, indique que la femme ne sait pas exactement comment elle a été blessée?

La classe reconstitue les vers 9 à 14. Un élève les écrit au tableau. Toute la classe participe à la correction des fautes. Les élèves lisent à haute voix les vers 9 à 14.

Le professeur lit les vers 15 à 20 puis il pose les questions:

15. Quels vers sont répétés aux vers 15 et 16?
16. Où la femme a-t-elle été blessée?
17. Pourquoi est-ce une blessure allégorique?
18. Combien de temps restera-t-elle blessée?
19. Comment est caractérisée cette blessure?
20. Quel est le mot clef du texte?
21. Est-ce le tendre ou le dangereux visage de l'amour que le poème évoque?

La classe reconstitue les vers 15 à 20. Un élève les écrit au tableau. Toute la classe participe à la correction des fautes. Puis les élèves lisent à haute voix les vers 15 à 20.

On efface alors le tableau. Chaque élève essaie de reconstituer par écrit le poème de mémoire.

1. Trouvez un mot de la même famille que les mots suivants, qui sont pris dans le texte.

Substitutions

EXEMPLE   amour (vers 2): aimer

a. tendre
b. dangereux
c. apparaître
d. musicien

    e. savoir
    f. chanson
    g. brûlant

<table>
<tr><td>e muet</td><td>[ə]</td><td>me, te, se, dis-le, que, sur ce, petite,
dangereux</td></tr>
<tr><td>e fermé</td><td>[e]</td><td>mes, tes, les, ces, nez, bébé, et</td></tr>
<tr><td>eu fermé</td><td>[ø]</td><td>deux, peu, jeu, veut, ceux, œufs,
heureux, affreuse, dangereux, bœufs</td></tr>
<tr><td>eu ouvert</td><td>[œ]</td><td>seul, neuf, jeune, bœuf, œuf, feuille,
peuple</td></tr>
</table>

Exercice
de phonétique

Opposition [ə]	[e]	[ø]	[œ]
de	des	deux	d'heure
ce	ces	ceux	sœur
que	quai	queue	cœur
me	mes	meut	meurt

Ma sœur est malheureuse.

Le dangereux archer.

Il meurt de ses blessures.

Il a un peu peur d'eux.

Son cœur est jeune; elle est amoureuse et aimée.

15. René de Obaldia

(1918–)

Voir la notice p. 49. « Fumées » était une sorte de rève, ce qui expliquait son incohérence. Dans « L'Ogre », tiré également des *Richesses naturelles*, Obaldia mélange encore le fantastique et le réalisme. Son ogre n'a plus du personnage des contes de fées que l'appétit, et le comique vient de ce qu'il a des problèmes comme nous tous et qu'il est traité dans l'histoire comme un homme ordinaire.

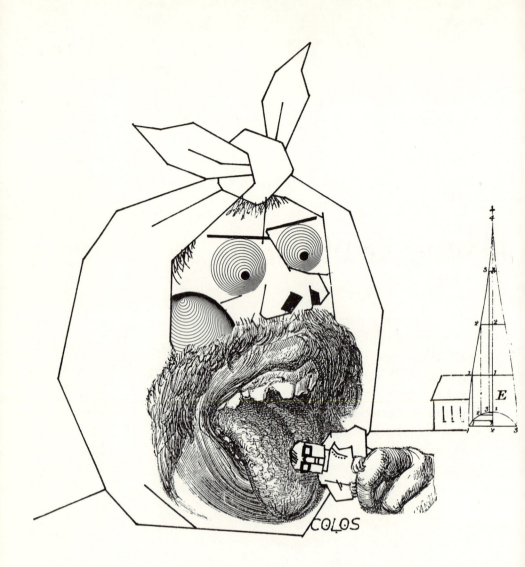

L'Ogre

Rien de pire pour un ogre que de souffrir d'une carie dentaire.° Celui-ci, selon la coutume,° habitait une forêt. Pressé° par la douleur, un matin, il se couvrit d'une vieille capuche,° se fit le plus laiteux qu'il put,° et gagna la grand-ville.° 5

Deux dentistes y professaient. L'ogre sonna timidement chez le premier.

— Ouvrez la bouche, lui ordonna le praticien dès qu'il l'aperçut.°

Puis, venant vers lui: 10

— Quelles dents, Seigneur, quelles dents!... Asseyez-vous.

Passionné par ce cas, le dentiste avait engagé sa tête dans la bouche de son client. Crac! l'ogre rabattit° ses mâchoires. Aïe, aïe, aïe, sa dent lança 15 des flammes!° Il s'injuria,° mangea les restes du malheureux par souci de l'unité,° et courut chez le second dentiste.

Là, il dut° attendre. Enfin, la porte du cabinet laissa s'échapper un gendarme plié en deux.° Le 20 docteur, lui désignant le fauteuil, l'invita à prendre la succession.°

— Etes-vous assuré? l'interrogea-t-il.

« cavity »
selon . . . comme dans toutes les histoires d'ogre
ici, poussé, forcé
« hood »
passé simple du verbe **pouvoir;**
se . . . « made himself as white as possible »
la ville la plus importante de la région

passé simple du verbe **apercevoir**

passé simple du verbe **rabattre**, « to close »
lança . . . « shot out flames »
« he cursed to himself »
par . . . non pas parce qu'il aime manger mais parce qu'il aime l'ordre

passé simple du verbe **devoir**

plié . . . « bent over double »

prendre . . . remplacer le patient précédent

— Assuré de quoi?[1] demanda l'ogre.

Le docteur fronça le sourcil° et se jeta dans un discours interminable. Il fallait savoir° que le Gouvernement se penchait tel un père° sur chaque dent des citoyens. Que l'article 312 de la nouvelle 5 Constitution distinguait neuf sortes de prothèse.° Que s'il était au pouvoir...° l'ogre bâilla.° Ce fut comme un gouffre dans lequel tomba l'orateur; l'ogre le sentit à peine passer.

— Et de deux!° fit-il en se levant. 10

Mais il était bien affligé. Plus de dentistes dans la ville. Et sa molaire qui dansait le hopak![2] Qui le vrillait° chaque minute davantage!

C'est alors qu'il eut l'idée d'aller trouver° le curé. Il le supplia d'asperger° sa dent d'eau bénite.° 15

— En vérité, lui dit le saint homme, je n'ai pas rencontré une telle foi dans toute la paroisse.

Et il se rendit à son désir.° L'ogre s'agenouilla. O prodige: au moment béni, de la bouche enflammée sortirent les deux dentistes, un garde-chasse,° trois 20 satyres, deux jouvencelles,[3] une douzaine d'enfants, et un chevreuil! Tous entonnèrent° aussitôt le *Te Deum,* formèrent une procession et se rendirent au couvent.

Le curé prit° l'ogre à son service. Il en a fait son 25 suisse.[4] Ah! le beau suisse! Le dimanche, lorsqu'il frappe sa hallebarde contre les dalles,° l'église retentit de coups de tonnerre.°

A la quête,° les fidèles° donnent des sommes fabuleuses. 30

---

fronça... « frowned »

il... « one should know »

se... examinait avec sollicitude (comme père)

« prosthesis (false teeth) »

s'il... s'il était à la tête du gouvernement
« yawned »

Et... « two down »

qui... qui lui faisait mal comme une vrille (« drill ») dans sa mâchoire
ici, voir

« sprinkle »
eau... « holy water »

il... il fit ce que l'ogre lui demandait

« gamekeeper »

commencèrent à chanter

passé simple du verbe **prendre**

« tiles »
coups... « thunderbolts »

« collection, offertory »

les membres de la congrégation, ceux qui assistent au service

---

[1] plaisanterie sur *assuré* « insured », et *assuré de quoi?* « sure of what? ».
[2] **qui dansait le hopak**: le hopak est une danse populaire russe.
[3] **jouvencelle**: ancien mot pour jeune fille. [4] **suisse**: personnage qui précède les processions et maintient l'ordre.

L'OGRE

1. Qu'est-ce que c'est qu'un ogre?
2. Quelle est la pire chose qui puisse arriver à un ogre?
3. Pourquoi l'ogre va-t-il à la ville?
4. Quelle est la réaction du premier dentiste lorsque l'ogre ouvre la bouche?
5. Pourquoi le dentiste a-t-il mis la tête dans la bouche de son patient?
6. Qu'est-ce qui arrive à l'ogre lorsqu'il referme la bouche sur la tête du dentiste?
7. Que fait-il après avoir mangé le dentiste?
8. Pourquoi le gendarme sort-il de chez le dentiste "plié en deux"?
9. Pourquoi l'ogre bâille-t-il?
10. Quelle est la conséquence de ce bâillement?
11. Que fait-il quand il n'y a plus de dentiste dans la ville?
12. Qu'espère-t-il que le curé fera pour lui?
13. Quelle est la réaction du curé à la demande de l'ogre?
14. Quel effet l'eau bénite produit-elle?
15. Quelle est la première chose que font les victimes de l'ogre?
16. Quel est maintenant le nouveau métier de l'ogre?
17. Pourquoi les fidèles donnent-ils maintenant des sommes fabuleuses?
18. Cette histoire ne cherche pas à paraître vraie. Donnez quelques exemples d'invraisemblance ou d'ironie.

1. Remplacez les mots suivants par des mots qui ont le *même* sens et qui sont dans le texte.

   EXEMPLE   vivre: habiter (1.2, p.87)

   a. avoir mal
   b. patient

    c. deuxième

    d. prier

    e. aller

2. Remplacez les mots suivants par des mots qui ont le sens *contraire* et qui sont dans le texte.

> EXEMPLE   audacieusement: timidement
> (l.6, p.87)

    a. meilleur

    b. fermer

    c. bref

    d. scepticisme

    e. entrer

Composition

L'histoire d'Obaldia est fantaisiste. Racontez-la comme un conte de fées traditionnel. Remplacez les dialogues par un récit. Cent cinquante mots environ. Commencez au passé et continuez au présent, comme dans l'exemple.

> *Il était une fois* un ogre qui avait mal aux dents. Comme il souffrait trop il *décide* d'aller voir un des deux dentistes...

> *Ou bien* vous pouvez inventer un autre personnage et une autre situation en suivant d'aussi près que possible l'histoire de l'ogre:

> Rien de pire pour un(e)... que de souffrir d'... il habitait... Un matin, il (elle) se... et gagna la grand-ville.

Et vous continuez votre récit en suivant le modèle de « L'Ogre ». Vous pouvez éliminer certains passages s'ils s'adaptent mal à votre histoire.

16. Albert Camus

(1913–1960)

Camus a été frappé très jeune par l'absurdité de l'existence et du monde, absurdité qui est cachée par les habitudes et le refus de regarder les choses telles qu'elles sont. La première qualité du héros absurde est donc la lucidité. Il découvrira l'absurdité du monde et forcera ainsi le lecteur à en prendre conscience. Ensuite il devra avec courage, mais sans orgueil, aller jusqu'au bout des conséquences de sa découverte et se révolter contre une situation intolérable. La clarté de l'exposé, l'ironie mêlée de lyrisme, la sincérité de l'auteur ont assuré à cette œuvre un retentissement considérable. Principaux livres: *L'Etranger, Le Mythe de Sisyphe, La Peste, L'Homme révolté, La Chute.* La meilleure pièce de théâtre de Camus est *Caligula.*

Ce passage est tiré de *La Peste*. Tarrou, un des principaux personnages du livre, s'intéresse dans ses carnets au vieil asthmatique, symbole d'une existence absurde par son vide, son inutilité et ses contradictions. Mais le vieil asthmatique, à cause de ses habitudes, ne voit pas l'absurdité de sa vie.

Le Vieil asthmatique[1]

Le lendemain, Tarrou était revenu sans avertissement.

Si l'on en croit° ses carnets,° le vieil asthmatique,
mercier° de son état, avait jugé à cinquante ans
qu'il en avait assez fait.° Il s'était couché et ne 5
s'était plus relevé depuis. Son asthme se conciliait°
pourtant avec la station debout.° Une petite rente
l'avait mené jusqu'aux soixante-quinze ans qu'il
portait allégrement.° Il ne pouvait souffrir la vue
d'une montre et, en fait, il n'y en avait pas une 10
seule dans toute sa maison. « Une montre, disait-il,
c'est cher et c'est bête. » Il évaluait le temps, et
surtout l'heure des repas qui était la seule qui lui
importât,° avec ses deux marmites° dont l'une était
pleine de pois à son réveil. Il remplissait l'autre, 15
pois par pois, du même mouvement appliqué et
régulier. Il trouvait ainsi ses repères dans une journée
mesurée à la marmite. « Toutes les quinze marmites,
disait-il, il me faut mon casse-croûte.° C'est tout
simple. » 20

A en croire° sa femme, d'ailleurs, il avait donné
très jeune des signes de sa vocation. Rien, en effet, ne

<hr>

¹ Le titre a été ajouté par les éditeurs.

Si . . . « *en* » *est ici explétif et
n'a pas de sens*
« notebooks »
« notions dealer »
avait fait assez de choses,
 avait assez travaillé
n'était pas incompatible

station . . . le fait de rester
 debout : « standing »

ici, sans effort, facilement

lui . . . « was important to
 him »
« pots »

repas très simple

A . . . « according to »

l'avait jamais intéressé, ni son travail, ni les amis, ni le café, ni la musique, ni les femmes, ni les promenades. Il n'était jamais sorti de sa ville, sauf un jour où, obligé de se rendre à Alger pour des affaires de famille, il s'était arrêté à la gare la plus proche 5 d'Oran,[1] incapable de pousser plus loin° l'aventure. Il était revenu chez lui par le premier train.

    A Tarrou qui avait eu l'air de s'étonner de la vie cloîtrée qu'il menait, il avait à peu près expliqué que selon la religion, la première moitié de la vie d'un 10 homme était une ascension et l'autre moitié une descente, que dans la descente les journées de l'homme ne lui appartenaient plus, qu'on pouvait les lui enlever à n'importe quel moment, qu'il ne pouvait donc rien en faire et que le mieux justement 15 était de n'en rien faire. La contradiction, d'ailleurs, ne l'effrayait pas, car il avait dit peu après à Tarrou que sûrement Dieu n'existait pas, puisque, dans le cas contraire, les curés seraient inutiles. Mais, à° quelques réflexions qui suivirent, Tarrou comprit 20 que cette philosophie tenait étroitement° à l'humeur que lui donnaient les quêtes° fréquentes de sa paroisse.° Mais ce qui achevait le portrait du vieillard est un souhait qui semble profond et qu'il fit à plusieurs reprises devant son interlocuteur: il 25 espérait mourir très vieux.

    « Est-ce un saint? » se demandait Tarrou. Et il répondait: « Oui, si la sainteté est un ensemble d'habitudes. »

---

[1] **Oran**: un des principaux ports d'Algérie, à l'ouest d'Alger. C'est là que le vieil asthmatique habite.

pousser . . . « to carry any further »

ici, « from »

tenait . . . était liée, avait pour cause immédiate

« collections »

« parish »

Questions sur le texte

1. Quelle décision le vieil asthmatique a-t-il prise à cinquante ans?
2. Pour quelle raison a-t-il décidé de ne plus travailler?

3. Pourquoi déteste-t-il les montres?

4. Comment mesure-t-il le temps et pourquoi a-t-il besoin de mesurer le temps?

5. Quels sont pour lui les seuls moments importants de la journée?

6. *Des signes de sa vocation* (1.22, p.93): quelle est la vocation du vieil asthmatique?

7. A la ligne 1, p. 94 Camus énumère tout ce qui aurait pu intéresser le personnage. Cette é-numération vous semble-t-elle complète? Y a-t-il pour vous d'autres valeurs importantes dans la vie?

8. Qu'est-ce qui est arrivé au personnage la seule fois qu'il est sorti de la ville?

9. Relevez dans ce passage tous les mots qui ont des connotations religieuses. Quelle est leur justification si le vieillard ne croit pas en Dieu?

10. Pourquoi l'asthmatique nie-t-il parfois l'exis-tence de Dieu?

11. Pourquoi les quêtes de la paroisse le mettent-elles de mauvaise humeur?

12. Quelle était le souhait le plus profond du vieillard?

13. Quels sont les traits de caractère du vieillard qui devraient l'empêcher d'être un saint, selon la conception traditionnelle?

Substitutions

1. Trouvez dans le texte le nom qui est de la même famille que chacun des verbes suivants:

> EXEMPLE   avertir: avertissement (1.1, p.93)

a. voir

b. se réveiller

c. vivre

d. descendre

e. contredire

2. Remplacez les mots suivants par des mots qui ont le *même* sens et qui sont dans le texte.

> EXEMPLE   métier: état (1.4, p.93)

a. estimer
b. supporter
c. calculer
d. montée
e. désir

3. Remplacez les mot suivants par des mots qui ont le sens *contraire* et qui sont dans le texte.

> EXEMPLE   jeune: vieux (1.3, p.93)

a. vide
b. compliqué
c. éloigné
d. rare
e. superficiel

Composition

Le viel asthmatique est caractérisé *par ce qu'il ne fait pas*. Appliquez ce procédé à un portrait *moral* de votre choix: l'égoïste, l'indifférent, le blasé. Environ cent mots. Voici un vocabulaire d'expressions négatives pour vous aider dans votre composition:

> ne pas, ne plus
> ne jamais, ni...ni
> personne, rien, aucun
> n'importe qui (*anybody*), n'importe où (*any-where*), n'importe quand (*any time*), n'importe quoi (*anything*)

17. Jean Tardieu

(1903–)

Voir la notice, p. 31. Ce poème, sous une apparence légère, exprime l'angoisse métaphysique qu'on trouve si souvent dans la poésie moderne. Tardieu reprend le thème, qui lui est si familier, du *moi* qui ne réussit pas à s'affirmer.

« Métamorphose » est tiré d'un livre de poèmes, *Le Fleuve caché*.

Métamorphoses

Dans cette nuit noire
que nous fait l'Histoire
j'avance à tâtons°   à . . . « groping »
toujours étonné
toujours médusé:°   5 « petrified »
je prends mon chapeau
c'est un artichaud
j'embrasse ma femme
c'est un oreiller°   « pillow »
je caresse le chat   10
c'est un arrosoir°   « watering can »
j'ouvre la fenêtre
pour humer° l'air pur   respirer
c'est un vieux placard°   « closet »
plein de moisissures° 15 « mould »
je prends un crapaud°   « toad »
pour un encrier
la bouche d'égout°   « drainpipe »
pour la boîte aux lettres
le sifflet du train   20
pour une hirondelle°   « swallow »
le bruit d'un moteur
pour mon propre cœur
un cri pour un rire
la nuit pour le jour   25
la mort pour la vie
et les autres pour moi.

1. De quelle nuit s'agit-il ici?
2. Quelle est l'attitude du personnage dans cette nuit noire?
3. Qu'est-ce qu'il prend à la place de son chapeau?
4. Pourquoi embrasse-t-il l'oreiller?
5. Pourquoi ouvre-t-il la fenêtre?
6. A cause de son erreur quel est l'air « pur » qu'il respire?
7. Quel rapport y a-t-il entre un cœur et un moteur pour justifier que l'auteur les confonde?
8. Les premières erreurs ont chacune leur verbe, *je prends, j'embrasse, je caresse*. Quel est le seul verbe que l'auteur utilise pour les dernières?
9. A un moment donné, les erreurs deviennent des contraires. Quels sont les contraires?
10. Ce poème débute de façon amusante et devient sérieux. A quel moment se produit le changement de ton?
11. Dans la poésie française moderne la rime n'est pas obligatoire. Quels sont les mots qui riment dans ce poème?

Composition

Imaginez un certain nombre de métamorphoses, comme l'a fait Jean Tardieu. N'essayez pas de faire rimer votre poème. Afin de bien suivre les structures du texte, nous vous suggérons de remplacer les mots entre parenthèses par ceux que vous aurez trouvés et de continuer la comparaison. Vous faites six ou sept métamorphoses.

Je prends (mon chapeau)
C'est un(e)...
J'embrasse (ma femme)
C'est un(e)...
Je (caresse le chat)
C'est un(e)...

J'(ouvre la fenêtre)
pour...
C'est un(e)...
Je prends un (crapaud)
pour un(e)...
le (sifflet du train)
pour un(e)...

1. Remplacez les mots suivants par des mots qui ont   **Substitutions**
   le *même* sens et qui sont dans le texte.

   EXEMPLE   je marche: j'avance (vers 3)

   a. hurlement
   b. surpris
   c. confondre
   d. rempli

a antérieur [a]   ma femme, à, le chat, la, placard,   **Exercice**
                   alla, caresse, artichaud, j'avance   **de phonétique**
a postérieur [ɑ]   noir, histoire, tâtons, arrosoir,
                   moisissures, boîte, fable, bas

Opposition   [a]   [ɑ]
             à   ah!
             la   las
             ta   tas
             ma   mât
             Anne   âne
             ami   âme
             malle   mâle
             rat   roi

Elle alla à Troyes, acheta des bas.
Ma femme a une âme.
Le chat n'est pas l'arrosoir.
Tu avanças à tâtons.
Il posa la boîte à gâteaux sur l'armoire.

18. Marcel Béalu

(1908–)

Les Mémoires de l'ombre, d'où est tirée « une lettre importante », sont une série de textes courts, à la fois histoires et poèmes en prose. Le rêve et le fantastique y jouent un rôle considérable, mais le fantastique part toujours de la réalité la plus ordinaire et en est une manifestation naturelle. L'homme, dans le monde de Béalu, est toujours menacé, entouré d'objets hostiles, à la poursuite d'une enfance dont il garde plus une nostalgie qu'un souvenir.

26 NOV 1826
A Messieurs
de la Compe des Verreries
de St Quirin
A Sarrebourg
Meurthe

Une Lettre importante

J'avais une lettre importante à écrire, une lettre dont pouvait dépendre le sort de ma vie,° le sort de ma vie. Peser les termes, mesurer les expressions, penser qu'une virgule mal placée serait peut-être la source de tous les malheurs, cela demandait du 5 temps, beaucoup de temps. Et j'étais du matin au soir accaparé° par mes affaires. Dès l'aube° je m'asseyais° à mon bureau dans le but d'écrire cette lettre, mais à peine en avais-je tracé les premières phrases que retentissait° le téléphone, ou qu'un 10 visiteur matinal demandant à me voir personnellement frappait à la porte. Mes affaires marchaient° bien et sans elles je n'aurais pu° faire vivre° ma nombreuse famille. Le sort de ma nombreuse famille dépendait, en quelque sorte,° de la bonne marche° 15 de mes affaires. Mais le sort de ma vie, à moi, dépendait de cette lettre. Et c'est pourquoi souvent, tard dans la nuit, quand je me retrouvais seul,° je m'appliquais encore à sa rédaction. Hélas! voir tout le jour tant de clients, discuter de tant d'affaires, 20 m'empêchait de fixer mes idées, de trouver les mots, et je finissais par m'endormir° sur le papier. Le lendemain tout recommençait, tout recommençait.

dont . . . dont toute ma vie dépendrait peut-être

totalement pris
« dawn »

imparfait du verbe **s'asseoir**

sonnait

allaient

participe passé du verbe **pouvoir**
faire . . . « to support »

en . . . « to some extent »
de . . . du succès

je . . . j'étais enfin seul

je . . . à la fin je m'endormais

Ainsi passait le temps. Ma vie aussi cahin-caha° passait, et je voyais bien que je n'arriverais jamais à écrire cette lettre. *A quoi bon° d'ailleurs*, me prenais-je à songer° parfois, *il y a belle lurette° que son destinataire° doit être mort.*

ni bien ni mal, comme-ci comme-ça

A . . . pour quoi faire? dans quel but?
me . . . commençais-je à songer
belle . . . longtemps
celui à qui la lettre est adressée

5

1. Quelle est la chose importante que l'auteur doit faire?
2. Pourquoi l'auteur doit-il peser chaque mot de sa lettre?
3. Quelle est la raison qui empêche l'auteur d'écrire cette lettre?
4. Pourquoi l'auteur ne peut-il pas sacrifier un peu ses affaires?
5. Pour qui les affaires sont-elles importantes et pour qui la lettre est-elle importante?
6. Y a-t-il un moment de la journée où l'auteur est enfin seul? Pourquoi n'écrit-il pas alors sa lettre?
7. Comment finissent souvent ses soirées?
8. Quelle est l'excuse que l'auteur se donne finalement pour ne pas écrire sa lettre?
9. Indiquez les passages qui contiennent des répétitions. A votre avis, quelle est la raison de ces répétitions? Quel effet l'auteur a-t-il voulu obtenir?
10. Quels sont les deux groupes d'intérêts qui s'opposent dans l'histoire?
11. Ce qui caractérise ce texte, c'est l'absence totale de précision. Si un inconnu vous racontait cette histoire comme vraie, quelles questions lui poseriez-vous?
12. Sachant que Béalu est un poète, quelle explication symbolique pouvez-vous donner de ce texte? Que représentent la lettre (si difficile à écrire)? les affaires? le destinataire?

Questions sur le texte

106

1. Remplacez les mots suivants par des mots qui ont le *même* sens et qui sont dans le texte. **Substitutions**

   EXEMPLE   l'origine: la source (1.5, p.105)

   a. existence
   b. mot
   c. se dire
   d. tellement
   e. quelquefois

2. Remplacez les mots suivants par des mots qui ont le sens *contraire* et qui sont dans le texte.

   EXEMPLE   rarement: souvent (1.17, p.105)

   a. insignifiant
   b. crépuscule
   c. tôt
   d. commencer par
   e. se réveiller
   f. vivant

Vous avez une lettre importante à écrire ou un coup de téléphone important à donner, mais vous n'arrivez pas à vous décider. **Composition**

Inventez les prétextes qui vous empêchent de faire cette chose importante.

   Hier, je n'ai pas pu... parce que...
   Aujourd'hui, je dois...
   Demain, j'espère que... mais...

19. Jacques Prévert

(1900–)

Voir la notice, p. 79. Prévert est surtout connu
pour ses poèmes, mais dans *Histoires*, il a écrit un
certain nombre « d'histoires » en prose, dont les
personnages principaux sont des animaux. Tous
sont innocents et leur rôle est de montrer la
méchanceté et la bêtise des hommes qui ont perdu
« leurs instincts naturels » pour suivre les lois de
la société.

Jeune Lion en cage

Captif, un jeune lion grandissait et plus il grandissait, plus les barreaux de sa cage grossissaient, du moins c'est le jeune lion qui le croyait... En réalité, on le changeait de cage pendant son sommeil.

Quelquefois, des hommes venaient et lui jetaient 5 de la poussière dans les yeux, d'autres lui donnaient des coups de canne sur la tête et il pensait: « Ils sont méchants et bêtes, mais ils pourraient l'être davantage;° ils ont tué mon père, ils ont tué ma mère, ils ont tué mes frères, un jour sûrement ils me tueront, 10 qu'est-ce qu'ils attendent? »

Et il attendait aussi.

Et il ne se passait rien.°

Un beau jour:° du nouveau...° Les garçons de la ménagerie placent des bancs devant la cage, des 15 visiteurs entrent et s'installent.

Curieux, le lion les regarde.

Les visiteurs sont assis... ils semblent attendre quelque chose... un contrôleur vient voir s'ils ont bien° pris leurs tickets... il y a une dispute, un petit 20 monsieur s'est placé au premier rang... il n'a pas de ticket... alors le contrôleur le jette dehors à coups de pied dans le ventre... tous les autres applaudissent.

Le lion trouve que c'est très amusant et croit que

l'être . . . être davantage méchants et bêtes

et . . . et rien ne se passait

Un . . . « One fine day . . . »
du . . . quelque chose de nouveau arrive

ici, vraiment

111

les hommes sont devenus plus gentils et qu'ils viennent simplement voir, comme ça, en passant:

« Ça fait bien° dix minutes qu'ils sont là, pense-t-il, et personne ne m'a fait de mal, c'est exceptionnel, ils me rendent visite en toute simplicité, je voudrais 5 bien faire quelque chose pour eux... »   *ici*, au moins

Mais la porte de la cage s'ouvre brusquement et un homme apparaît en hurlant:

« Allez° Sultan, saute Sultan! »   « come on »

Et le lion est pris d'une légitime inquiétude, car il 10 n'a encore jamais vu de dompteur.°   « trainer »

Le dompteur a une chaise dans la main, il tape avec la chaise contre les barreaux de la cage, sur la tête du lion, un peu partout,° un pied de la chaise   **un** . . . un peu au hasard
casse, l'homme jette la chaise et, sortant de sa poche 15 un gros revolver, il se met à tirer en l'air.

« Quoi? dit le lion, qu'est-ce que c'est que ça, pour une fois que je reçois du monde, voilà un fou, un énergumène° qui entre ici sans frapper, qui brise les   personne qui se contrôle mal par excès de passion
meubles et qui tire sur mes invités, ce n'est pas comme 20 il faut ».° Et sautant sur le dompteur, il entreprend°   **comme** . . . « proper » / il se met, il commence
de le dévorer, plutôt par° désir de faire un peu   « out of »
d'ordre que par pure gourmandise...

Quelques-uns des spectateurs s'évanouissent, la plupart se sauvent, le reste se précipite vers la cage 25 et tire le dompteur par les pieds, on ne sait pas trop pourquoi; mais l'affolement° c'est l'affolement,   panique
n'est-ce pas?

Le lion n'y comprend rien, ses invités le frappent à coup de parapluie, c'est un horrible vacarme.°   30 grand bruit

Seul, un Anglais[1] reste assis dans son coin et répète: « Je l'avais prévu, ça devait arriver, il y a dix ans que je l'avais prédit... »

Alors, tous les autres se retournent contre lui et crient: 35

[1] **un Anglais:** allusion à l'histoire, célèbre en France, d'un Anglais qui, dit-on, allait tous les jous au cirque dans l'espoir de voir le lion dévorer le dompteur.

« Qu'est-ce que vous dites?... C'est de votre faute tout ce qui arrive, sale étranger, est-ce que vous avez seulement° payé votre place? » etc.

°*ici*, au moins

Et voilà l'Anglais qui reçoit, lui aussi, des coups de parapluie...

« Mauvaise journée pour lui aussi! » pense le lion. ₅

1. Que faisait-on pendant le sommeil du jeune lion?
2. Pourquoi l'auteur répète-t-il quatre fois le verbe *tuer*?
3. Quelle est l'attitude du lion devant cette menace?
4. *Curieux, le lion les regarde* (1.17, p.111). Quel est le renversement de rôles qui fait l'ironie de cette phrase?
5. *Tous les autres applaudissent* (1.23, p.111). Qu'est-ce que les spectateurs applaudissent et qu'est-ce que cela prouve de leur caractère?
6. Quelle est la réaction du lion lorsqu'on jette dehors le petit monsieur?
7. Pourquoi l'entrée du dompteur inquiète-t-elle le lion?
8. Qu'est-ce que le jeune lion pense du dompteur?
9. Qu'est-ce que suggèrent ces mots *je reçois du monde, mes invités, entre sans frapper, comme il faut* (11.19–22, p,112)?
10. Pour quelle raison le lion commence-t-il à dévorer le dompteur? Que pensez-vous de la valeur de cette explication?
11. Lorsque l'auteur dit *on ne sait pas trop pourquoi* (1.27, p.112), qui est ce « on »? A travers qui voyons-nous la scène?
12. Pourquoi l'Anglais reste-t-il tranquillement assis à sa place?
13. Pourquoi les gens sont-ils irrités contre l'Anglais?
14. Quelle est la réaction du lion quand l'Anglais reçoit des coups de parapluie?

15. Prévert donne à l'homme un rôle ridicule ou cruel. Donnez le plus grand nombre possible d'exemples de cette attitude.

16. L'auteur centre l'histoire sur le jeune lion et ne s'intéresse pas à l'action qui est très simple: comment pourriez-vous la raconter en une phrase?

Substitutions

1. Remplacez les mots suivants par des mots qui ont le *même* sens et qui sont dans le texte.

> EXEMPLE   prisonnier: captif (l.1, p.111)

   a. vérifier
   b. billet
   c. soudain
   d. naturel
   e. panique
   f. bruit

2. Remplacez les mots suivants par des mots qui ont le sens *contraire* et qui sont dans le texte.

> EXEMPLE   gentil: méchant (l.8, p.111)

   a. vieux
   b. intelligent
   c. ennuyeux
   d. normal
   e. désordre

Composition

L'histoire, racontée par Prévert, innocente le jeune lion. Racontez la même histoire de manière à innocenter le dompteur.

Par exemple, il raconte l'histoire à sa femme, ou bien un témoin, l'Anglais par exemple, raconte la scène. Suivez de près la séquence des événements imaginés par l'auteur. Environ cent à cent cinquante mots.

20. Alfred de Musset
(1810–1857)

Musset est le plus jeune des grands poètes
romantiques. Il a l'esprit du dix-huitième siècle
et l'inspiration lyrique de son temps. Mais ce
dandy est profondément marqué par la vie de
plaisir qu'il a choisie. A vingt-sept ans, il a écrit
ses meilleures œuvres. A trente-cinq ans, il n'a plus
rien à dire. Cette vie, qui s'annonçait si brillante,
finit misérablement. Longtemps réputé pour ses
poésies, *Rolla, La Nuit de mai, La Nuit de décembre*,
Musset est aujourd'hui pour nous un grand
écrivain de théâtre. Ses meilleures pièces sont
Fantasio, On ne badine pas avec l'amour, Lorenzaccio.

Le sonnet « Tristesse », écrit en 1840 par Musset pour
lui-même, n'a été publié qu'après la mort du poète.

Tristesse

J'ai perdu ma force et ma vie,
Et mes amis et ma gaîté;
J'ai perdu jusqu'à la fierté
Qui faisait croire à mon génie.

Quand j'ai connu° la Vérité,   5   *participe passé du verbe* **connaître**
J'ai cru que c'était une amie;
Quand je l'ai comprise° et sentie,   *participe passé du verbe* **comprendre**
J'en étais déjà dégoûté.

Et pourtant elle est éternelle,
Et ceux qui se sont passés d'elle   10
Ici-bas° ont tout ignoré.   sur cette terre, par opposition au ciel

Dieu parle, il faut qu'on lui réponde.
Le seul bien° qui me reste au monde   le ... « the only good »
Est d'avoir quelquefois pleuré.

Les élèves ont leur livre fermé. Le professeur lit lentement tout le poème. Il relit les quatre premiers vers, puis il pose des questions:

1. Quel est le titre de ce poème?
2. Musset se plaint d'avoir perdu quatre choses. Quelles sont ces choses? Essayez de les remettre dans l'ordre du texte.
3. Qu'a-t-il encore perdu?
4. A quoi est-ce que cette fierté faisait croire?

La classe reconstitue les quatre premiers vers. Un élève les écrit au tableau. Toute la classe participe à la correction des fautes et ensuite les élèves relisent à haute voix ces quatre premiers vers.

Le professeur lit ensuite les vers 5 à 8 et pose les questions:

5. Quel est le premier mot de la seconde strophe?
6. Qu'est-ce que le poète a connu?
7. A-t-il cru que la Vérité était une amie ou une ennemie?
8. Quelle a été son attitude quand il a compris la Vérité?

La classe reconstitue les vers 5 à 8. Un élève les écrit au tableau. Toute la classe participe à la correction des fautes et ensuite les élèves relisent à haute voix les huit premiers vers.

Le professeur lit les vers 9 à 11 et pose les questions:

9. Qu'est-ce qui caractérise la Vérité?
10. Quel est le mot que Musset emploie pour dire « sur cette terre »?
11. Qu'est-ce qui arrive à ceux qui se passent de la Vérité éternelle?

La classe reconstitue les vers 9 à 11. Un élève les écrit au tableau. Toute la classe participe à la correction des fautes puis les élèves relisent à haute voix les vers 9 à 11.

Le professeur lit les trois derniers vers et pose les questions:

12. Quel est le contraire d'*ici-bas* dans le poème?
13. Lorsque Dieu parle, que faut-il faire?
14. Quel est le seul bien qui reste au poète?
15. Pourquoi, à votre avis, Musset considère-t-il comme un bien d'avoir quelquefois pleuré?

La classe reconstitue les trois derniers vers. Un élève les écrit au tableau. Toute la classe participe à la correction des fautes. Puis les élèves lisent à haute voix les vers 9 à 14. On efface le tableau. Chaque élève essaie de reconstituer par écrit le poème de mémoire.

1. Remplacez les mots suivants par des mots de *même* sens et qui sont dans le texte.

Substitutions

> EXEMPLE   possession: bien (vers 13)

   a. orgueil
   b. lassé
   c. penser
   d. joie

2. Remplacez les mots suivants par des mots de sens *contraire* et qui sont dans le texte.

> EXEMPLE   tristesse: gaîté (vers 2)

   a. temporaire
   b. trouver
   c. faiblesse
   d. mensonge
   e. rire
   f. mort

i   [i]   vie, ami, génie, compris, senti, ignoré,   *Exercice*
           Philippe   *de phonétique*

u   [y]   perdu, connu, cru, su, entendu, plus, rue, vu

Oppositions	[i]	[y]
	dis	du
	lit	lu
	cri	cru
	vie	vue
	ri	rue
	mie	mue
	pis	pus
	si	su
	ni	nu
	fit	fut

J'ai perdu ma vie.

Je perdis ma vue.

Il a du génie.

Il a lu Iphigénie.

Tu n'as perdu ni ta vie ni tes amis.

Tu as senti que tu n'avais pas plu à Lili.

Dans la nuit nous avons entendu un cri.

21. Georges Duhamel
(1884–1966)

Duhamel a d'abord été médecin. Il est entré dans la littérature par la poésie et a fondé le groupe de l'*Abbaye* avec Jules Romains. Mais c'est comme romancier qu'il est devenu célèbre. Dans *Vie des martyrs* (1917) et dans *Civilisation* (1918), il transpose ses expériences de médecin pendant la première guerre mondiale. Il écrit de très longs romans. *Vie et aventures de Salavin* (1920–1932) a cinq volumes, les *Pasquier* (1935–1945) en ont dix; *Lumières sur ma vie* (1945–1950), une œuvre autobiographique, est en quatre volumes.

Duhamel est un écrivain moraliste, qui aime les valeurs traditionnelles. C'est un humaniste, au sens un peu étroit du mot. Peut-être est-ce pour cela que cette œuvre de valeur n'a plus aujourd'hui le succès qu'elle a connu entre les deux guerres.

Salavin est probablement la meilleure création psychologique de Duhamel. C'est un homme moyen qui essaie de devenir saint et tient un journal pour vérifier ses progrès. Son honnêteté, ses scrupules n'empêchent pas une certaine hypocrisie dans les pensées que l'auteur sait très bien montrer.

Journal¹ de Salavin
(extrait)

7 Mars — Une de mes courses m'avait conduit, hier soir, dans les environs du Cirque d'hiver² et je revenais doucement, à la tombée du jour, vers la Bastille, pour y prendre mon tramway. Il ne pleuvait plus; le bitume° du boulevard Beaumarchais était gluant° et noir sous un ciel bouché. Peu avant d'arriver à la rue du Pas-de-la-Mule, j'avise° une femme âgée, proprement vêtue, mais d'aspect chétif,° qui venait de poser sur un banc une espèce de grosse balle de linge et qui s'efforçait, en vain, de recharger correctement ce fardeau sur son épaule.

J'étais à vingt ou vingt-cinq mètres de la vieille dame. A sa vue,° je m'arrête, saisi de pitié. Je m'arrête et remarque, à quelques pas d'elle, un garçon bien découplé° qui s'est arrêté, tout comme moi° et, tout comme moi, la regarde. Aussitôt, deux pensées me viennent. Primo: « Je vais aider cette pauvre femme à porter son paquet. » Secundo: « Ce gaillard est vigoureux, mais il manque de générosité ». Cette dernière pensée me procure une légère indignation, si bien que je juge bon° d'attendre

5 « asphalt »

« sticky »

je vois

« puny »

A . . . quand je la vois

bien . . . « well built, robust »
tout . . . exactement comme moi

je . . . j'estime utile

¹ **Journal**: « diary ». ² **Cirque d'hiver, Bastille, Boulevard Beaumarchais, rue du Pas-de-la-Mule**: références au quartier de la Bastille à Paris.

123

une minute pour voir jusqu'où° le butor° poussera
l'inconvenance. J'ai tout le temps d'intervenir et
l'expérience vaut la peine.° Le lourdaud° pousse
l'inconvenance fort loin. Il considère paisiblement la
vieille dame, puis s'éloigne à petits pas en° se 5
retournant plus de vingt fois. Je suis écœuré.° Vais-je
courir après lui? Non certes. Pourtant il y aurait
plaisir à lui donner une leçon courtoise, à lui dire
qu'un homme bien portant doit assistance aux êtres
faibles. Moi, qui n'ai plus vingt ans, je vais le charger 10
sur mes épaules, ce ballot,° et le porter aussi longtemps qu'il faudra. Si jamais ma vieille maman se
trouve dans la rue, avec pareille charge sur les bras,
puisse-t-elle° rencontrer un passant comme moi, qui
n'écoute que son cœur et qui... Un dernier regard 15
au malotru° qui s'enfonce dans la rue du Pas-de-la-
Mule. Honte sur lui! Et maintenant, à moi!°

La vieille dame! Plus de vieille dame. Plus de
ballot. Tout a disparu° La nuit s'épaissit. On
allume les becs de gaz. De l'œil, je fouille° le boule- 20
vard. Plus rien! Peut-être a-t-elle pénétré dans une
boutique, peut-être...

Ma belle action m'échappe. Je fais quelques pas,
rêveur.° Je suis un peu déçu. Pas trop mécontent
quand même.° Le sort m'a volé; mais mon intention 25
était à ce point qu'elle vaut encore un acte. Je m'en
vais doucement, rêvant à ces choses, vers la rue du
Pas-de-la-Mule...

8 Mars — Toute une journée, je me suis demandé
s'il y avait lieu° de conter la fin de cette aventure. 30
Eh bien, oui. N'ai-je pas juré de tout dire?

J'arrivais donc au coin de la rue du Pas-de-la-
Mule. Quelqu'un m'a frappé sur l'épaule, un type°
à barbe noire, vêtements noirs, melon° noir. Il m'a
regardé d'un air triste et m'a dit simplement: 35
« Goujat. »° Et, comme je restais pétrifié: « Oh!
vous savez bien ce que ça signifie. »

Margin glossary:

jusqu'à quel point
homme stupide et grossier

vaut . . . « is worth the effort »
personne lourde de corps ou d'esprit
« while »

« disgusted »

« bundle »

présent du subjonctif du verbe **pouvoir**

ici, homme grossier
à . . . c'est le moment pour moi d'agir

participe passé du verbe **disparaître**
je regarde attentivement

perplexe, hésitant
quand . . . malgré tout, cependant

s'il . . . s'il était vraiment nécessaire

ici, homme
« derby (hat) »

insulte pour dire homme grossier

Il a tourné les talons;° il s'est enfoncé dans l'ombre, et je suis resté là, les oreilles tintantes, les joues chaudes, saoul° de honte.

Oh! c'est injuste, injuste, car, lui non plus,° l'homme à la barbe noire, lui non plus ne l'avait 5 pas aidée, la vieille dame.

° **Il** . . . il s'est éloigné, il est parti

° « drunk » *ici*, « overcome »

° **non** . . . « neither »

Questions sur le texte

1. Que faisait la dame âgée quand le narrateur la remarque?
2. Qui est le plus près de la vieille femme, le jeune homme ou le narrateur? et quelle est l'importance de ce détail?
3. Quelles sont les deux pensées successives du narrateur en voyant la vieille dame, puis le jeune homme?
4. Pourquoi le narrateur décide-t-il d'attendre avant d'aider la dame âgée?
5. Quelle leçon le narrateur aurait-il voulu donner au jeune homme?
6. L'auteur ne dit pas pourquoi le narrateur ne donne pas cette leçon. A votre avis, quelle est la raison de cette abstention?
7. Dans la phrase: *si jamais... son cœur et qui...*, relevez les expressions qui vous semblent mélodramatiques ou qui sont des clichés.
8. Qu'est-ce qui est arrivé à la dame âgée après le départ du jeune homme?
9. Pourquoi le narrateur est-il un peu déçu?
10. Pourquoi a-t-il attendu une journée avant de raconter la fin de l'histoire dans son journal?
11. En quoi la barbe, le melon, l'adjectif noir répété trois fois, servent-ils à caractériser le personnage qui frappe l'épaule du narrateur? Quelle sorte d'homme est-ce?
12. Pourquoi insulte-t-il le narrateur?

13. Quelle est la réaction du narrateur à l'insulte?
14. Pourquoi a-t-il un sentiment si violent de honte, *saoul de honte* (1.3, p.125)?
15. Où est l'injustice finale aux yeux du narrateur?
16. Puisque l'auteur ne dit rien à ce sujet, expliquez pourquoi, à votre avis, aucun des trois hommes n'a aidé la vieille femme.

1. Remplacez les mots suivants par des mots qui ont le *même* sens et qui sont dans le texte. **Substitutions**

      EXEMPLE   mener: conduire (1.1, p.123)

  a. lentement
  b. essayer
  c. inutilement
  d. très
  e. tranquillement
  f. vouloir dire

2. Remplacez les mots suivants par des mots qui ont le sens *contraire* et qui sont dans le texte.

      EXEMPLE   grossier: courtois (1.8, p.124)

  a. clair
  b. faible
  c. près
  d. satisfait
  e. commencement
  f. joyeux

Vous racontez dans votre journal ce que vous avez fait ce jour-là. **Composition**

    a. Vous commencez par dire le temps qu'il faisait (beau, vilain, pluie, soleil, etc.)

b. Vous dites où vous étiez et pourquoi:
je suis allé(e) dans le parc, je voulais me
promener, j'ai fait des courses près de chez
moi, je suis allé(e) voir des amis.

c. Vous racontez une histoire courte:
je rentrais quand j'ai vu un homme (une
femme, etc.) qui...
je me suis dit: « ...

d. En conclusion, vous tirez la leçon de cette
histoire:
j'ai été content(e) d'intervenir parce que...
j'ai bien fait de ne rien dire parce que...
j'aurais dû...

22. *Voltaire*

[François Marie Arouet]
(1694–1778)

Voltaire est l'un des écrivains les plus célèbres du dix-huitième siècle. Il fut, pour ses contemporains, le plus grand poète de son temps. Aujourd'hui c'est surtout le polémiste et le satirique que nous admirons. Voltaire n'hésita pas à combattre tout ce qui lui paraissait injuste à son époque. Sa meilleure arme fut l'ironie: il ridiculisait ses adversaires. La rapidité et la clarté de ses récits, son sens du comique, l'élégance et la précision de son style lui permirent de toucher un vaste public et de répandre la philosophie des lumières[1] pour laquelle il lutte toute sa vie. Principales oeuvres: *Les Lettres philosophiques, Candide, Le Dictionnaire philosophique* et sa *Correspondance* qui remplit une centaine de volumes.

Le passage suivant est tiré du *Dictionnaire philosophique* (1764).

---

[1] **lumières**: « Enlightenment ».

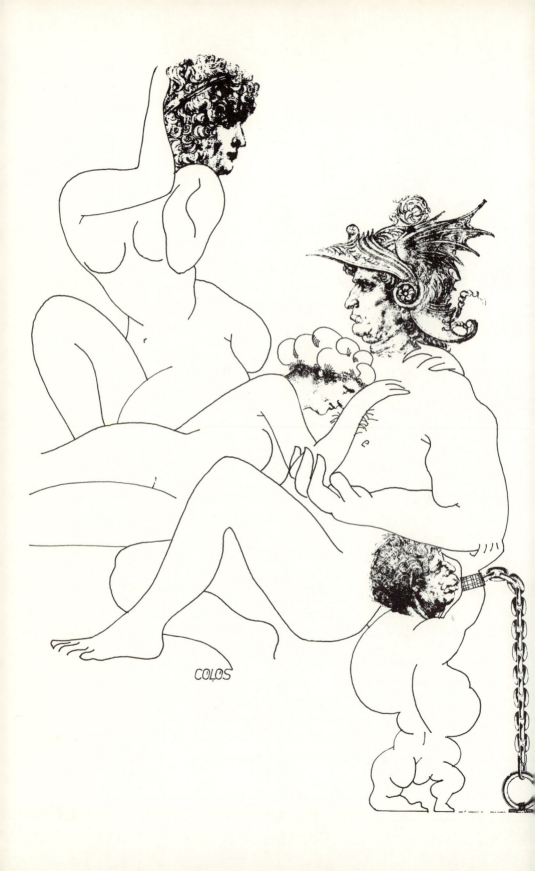

Maître

Comment un homme a-t-il pu° devenir le maître d'un autre homme, et par quelle espèce de magie incompréhensible a-t-il pu devenir le maître de plusieurs autres hommes? On a écrit sur ce phénomène un grand nombre de bons volumes; mais 5 je donne la préférence à une fable indienne, parce qu'elle est courte, et que les fables ont tout dit.

Adimo, le père de tous les Indiens, eut° deux fils et deux filles de sa femme Procriti. L'aîné était un géant vigoureux, le cadet° était un petit bossu,° 10 les deux filles étaient jolies. Dès que le géant sentit sa force, il coucha° avec ses deux sœurs, et se fit° servir par le petit bossu.° De ses deux sœurs, l'une fut° sa cuisinière, l'autre sa jardinière. Quand le géant voulait dormir, il commençait par enchaîner à 15 un arbre son petit frère le bossu, et lorsque celui-ci s'enfuyait, il le rattrapait en quatre enjambées,° et lui donnait vingt coups de nerf de bœuf.°

Le bossu devint soumis et le meilleur sujet du monde. Le géant, satisfait de le voir remplir ses 20 devoirs de sujet, lui permit de coucher avec une de ses sœurs dont il était dégoûté. Les enfants qui vinrent° de ce mariage ne furent pas tout-à-fait

participe passé du verbe
pouvoir

passé simple du verbe **avoir**

« the younger »
« hunchback »

passé simple du verbe **coucher**
passé simple du verbe **faire**
se . . . « obliged the little
   hunchback to serve him »

passé simple du verbe **être**

en . . . « in four strides » i.e.,
   très vite

« bull whip »

passé simple du verbe **venir**

131

bossus; mais ils eurent la taille assez contrefaite.° « deformed »
Ils furent élevés dans la crainte de Dieu et du
géant. Ils reçurent° une excellente éducation; on   *passé simple du verbe* **recevoir**
leur apprit° que leur grand-oncle était géant de   *passé simple du verbe*
                                                       apprendre
droit divin,° qu'il pouvait faire de toute sa famille 5 **géant** . . . par imitation
                                                       ironique de roi de droit
ce qui lui plaisait; que s'il avait quelque jolie   divin
nièce, ou arrière-nièce,° c'était pour lui seul sans   fille d'un neveu ou d'une
difficulté, et que personne ne pouvait coucher avec   nièce
elle que quand il n'en voudrait plus.

Le géant étant mort, son fils, qui n'était pas à 10
beaucoup près° si fort ni si grand que lui, crut°   à . . . beaucoup moins
cependant être géant comme son père de droit divin.   *passé simple du verbe* **croire**
Il prétendit faire travailler pour lui tous les hommes,
et coucher avec toutes les filles. La famille se ligua
contre lui, il fut assommé° et on se mit en république. 15 « beaten to death »

1. Quelle est la question que Voltaire se pose avec   **Questions**
   étonnement au début de cet article?   **sur le texte**
2. Pourquoi faut-il une *espèce de magie incompréhensible*
   (l.2, p.131) pour expliquer qu'un homme soit
   devenu le maître d'autres hommes?
3. Pourquoi l'auteur a-t-il donné la préférence à
   une fable indienne sur de « bons » volumes?
   Que pensez-vous de la valeur de ses raisons?
4. Que fait le géant quand il prend conscience de
   sa force?
5. Le géant n'enchaîne pas ses sœurs. Pourquoi
   enchaîne-t-il son frère?
6. Comment le géant récompense-t-il le bossu de
   son obéissance? Y a-t-il une autre raison à sa
   générosité?
7. Comment sont les enfants du bossu?
8. Voltaire aime à se moquer. Où est l'ironie dans
   les mots: *Ils furent élevés dans la crainte de Dieu et
   du géant* (l.2, p.132)?

9. Que faut-il penser des mots *excellente éducation* (1.3, p.132)? En quoi cette éducation consiste-t-elle?

10. ... *ou arrière-nièce* (1.7, p.132). Qu'est-ce que ces mots laissent supposer pour la durée de l'histoire?

11. Quelle différence y a-t-il entre le géant et son fils?

12. Comment réagit la famille du géant aux prétentions de son fils?

13. Estimez-vous que c'est ainsi que les sociétés se sont formées ou bien pensez-vous que Voltaire a seulement voulu être amusant?

14. D'après cette fable, quelle serait la première forme de gouvernement? Quand serait-elle remplacée par une aristocratie ou une démocratie?

Substitutions

1. Remplacez les mots suivants par des mots qui ont le *même* sens et qui sont dans le texte.

   EXEMPLE   sorte: espèce (1.2, p.131)

   a. livre
   b. attacher
   c. se sauver
   d. obéissant
   e. totalement
   f. peur

2. Remplacez les mots suivants par des mots qui ont le sens *contraire* et qui sont dans le texte.

   EXEMPLE   esclave: maître (1.1, p.131)

   a. long
   b. laid
   c. faiblesse
   d. révolté
   e. mécontent
   f. royauté

Toute l'histoire de Voltaire repose sur un rapport de forces, donc sur une comparaison. **Composition**

Faites le portrait des personnages — physique ou moral — en les comparant les uns aux autres. Il n'est pas nécessaire de vous limiter aux points mentionnés par Voltaire.

Par exemple:

> Le géant était plus vigoureux que le bossu.
> La sœur du géant était moins jolie que sa petite nièce.

Faites dix phrases comparatives en utilisant:

> plus... que (*more... than*), moins... que (*less... than*)
> aussi... que (*as... as*), pas aussi... que (*not as... as*)

23. Francis Jammes
(1868–1938)

De l'angélus de l'aube à l'angélus du soir, paru en
1898, est le livre de poésie qui a fait connaître au
public le nom de Francis Jammes. On y remarque
un goût de la simplicité, une évocation lyrique
des petites choses de la vie de tous les jours.
Francis Jammes a passé la plus grande partie de sa
vie en province, mais il avait de nombreux amis à
Paris et son influence sur le mouvement poétique
d'avant 1914 a été importante. A partir de 1905,
la poésie de Jammes est marquée par une forte
inspiration chrétienne.

« La Salle à manger » est le poème le plus connu
du livre *De l'angélus de l'aube à l'angélus du soir*.

La Salle à manger

Il y a une armoire à peine luisante°   « shiny »
qui a entendu les voix de mes grand-tantes,
qui a entendu la voix de mon grand-père,
qui a entendu la voix de mon père.
A ces souvenirs l'armoire est fidèle.   5
On a tort de croire qu'elle ne sait que se taire,
car je cause avec elle.

Il y a aussi un coucou en bois.°   « wooden cuckoo-clock »
Je ne sais pourquoi il n'a plus de voix.
Je ne veux pas le lui demander.   10
Peut-être bien° qu'elle est cassée,   « it may well be »
la voix qui était dans son ressort,°   « spring »
tout bonnement° comme celle des morts.   simplement

Il y a aussi un vieux buffet
qui sent la cire, la confiture,   15
la viande, le pain et les poires mûres.
C'est un serviteur fidèle qui sait
qu'il ne doit rien nous voler.

Il est venu° chez moi bien des hommes et des femmes°
qui n'ont pas cru° à ces petites âmes.
Et je souris que l'on me pense seul vivant
quand un visiteur me dit en entrant:°
Comment allez-vous, Monsieur Jammes?¹   5

participe passé du verbe **venir**
bien des hommes et des
   femmes sont venus chez
   moi
participe passé du verbe **croire**

en . . . quand il entre

¹ **Jammes** rime avec âmes.

Questions
sur le texte

1. Quel est le premier objet que le poète mentionne?
2. Combien y a-t-il de générations au minimum que l'armoire est dans la famille?
3. Comment l'auteur sait-il que l'armoire peut parler?
4. L'auteur nous dit qu' *à ces souvenirs l'armoire est fidèle.* De quoi parlent-ils ensemble?
5. L'armoire parle, pourquoi le coucou ne parle-t-il pas?
6. A quoi le poète compare-t-il la voix du coucou?
7. Pour le buffet on nous dit qu'il est vieux. Comment l'idée de vieillesse est-elle donnée pour l'armoire et le buffet?
8. Comment le buffet est-il personnifié?
9. Pourquoi le poète sourit-il?
10. Quel effet le poète veut-il produire en répétant trois fois de suite *qui a entendu* aux vers 2, 3, et 4.
11. Les rimes vont généralement 2 par 2. Relevez les cas où dans ce poème, elles riment 3 par 3.

Substitutions

1. Remplacez les mots suivants par des mots de *même* sens et qui sont dans le texte.

   EXEMPLE   également: aussi (vers 8)

   a. domestique
   b. parler
   c. beaucoup de
   d. prendre
   e. dévoué
   f. briser

2. Donnez un mot de la même famille que les mots
   suivants qui sont pris dans le texte.

      EXEMPLE   vivant (vers 21): vie

  a. fidèle (vers 5)
  b. causer (vers 7)
  c. demander (vers 10)
  d. vieux (vers 14)
  e. seul (vers 21)
  f. visiteur (vers 22)

*Exercice
de phonétique*

an [ã] luis<u>an</u>t, <u>en</u>t<u>en</u>d<u>an</u>t, t<u>an</u>te, viv<u>an</u>t, p<u>en</u>ser,
           qu<u>an</u>d, <u>en</u>tr<u>an</u>t, comm<u>en</u>t
in [ẽ] p<u>ain</u>, v<u>in</u>, bi<u>en</u>, ri<u>en</u>, p<u>ein</u>t, pl<u>ain</u>te, m<u>ain</u>,
           f<u>in</u>

Oppositions	[ã]	[ẽ]
	lent	lin
	dent	daim
	fend	faim
	pend	pain
	rend	rein
	sans	sein
	ment	main
	vent	vint
	tant	teint

Du pain, de la viande et du vin.
Il vient d'entendre au loin la plainte du vent.
Il s'est pincé la main en ouvrant la salle de
bains.
« Je viens de bien loin », dit l'enfant blanc.
Il est plus malin qu'intelligent, c'est certain.
En entrant demain, ayant soin de ne toucher
à rien.

24. Jean Sareil

(1916–)

Jean Sareil est professeur à l'université Columbia
à New York. Il est l'auteur de plusieurs volumes
destinés à l'enseignement du français aux
étudiants américains.

Comme critique, il a écrit des livres sur Voltaire,
Anatole France et sur le comique.

Il est également romancier et conteur.

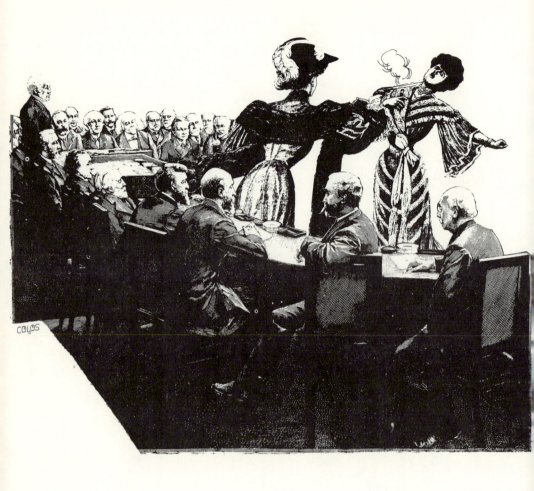

Elisabeth Delagrange

La belle Elisabeth Delagrange a été déclarée coupable du meurtre de son mari et condamnée à vingt ans de prison. Ni ses protestations ni ses pleurs n'ont pu° attendrir un jury d'hommes.

Cela fait° maintenant sept ans qu'elle est en prison. Il est facile d'imaginer le désespoir de cette femme qui comptait tellement sur sa beauté et sur sa jeunesse.

Hélas! de cette beauté célèbre, il ne reste plus aujourd'hui que d'admirables yeux bleus, innocents comme tous les yeux bleus. Ils ont encore réussi à émouvoir un ancien ami journaliste, qui était venu la voir, et à qui elle a juré, comme à tout le monde, qu'elle n'était pas coupable.

Elle n'aimait pas son mari, c'est vrai, mais qui aurait pu l'aimer? Ils se disputaient souvent et leur dispute avait été particulièrement violente le soir du crime, mais on ne tue pas tous les gens avec qui on s'entend mal, sinon le monde serait un désert. Elle n'était pas bonne et ne prétendait pas l'être. Elle haïssait l'assassin de son mari. Quand on a le courage de commettre un crime, on a celui de l'avouer. Mais c'était un lâche, qui avait dû° se

réjouir qu'un autre paie à sa place! Cela garantissait
sa tranquillité. Si seulement elle pouvait un jour le
tenir à sa merci.°

Cette franchise, qui avait paru° du cynisme au
jury, impressionne le journaliste. Un coupable ne 5
parle pas avec cette froideur dure. Et d'ailleurs
comment ne pas croire ces beaux yeux bleus, emplis
de larmes? Il se rappelle la jeune fille qu'il a connue°
autrefois et qu'il a aimée sans oser le dire: elle ne
peut pas être le monstre que le jury a condamné. 10
Elle lui dit qu'il est son seul espoir, qu'elle n'aura
pas trop de toute sa vie pour lui exprimer sa reconnaissance. Il ne résiste pas au plaisir d'être un grand
homme au moins pour une personne.

Dès son retour° à la ville, il va voir son patron, 15
qui ne comprend rien à son ardeur, il va voir la
police qui a assez de travail avec les affaires en cours°
pour ne pas avoir envie de reprendre une affaire
terminée. Mais rien n'arrête son zèle. Je me demande
s'il n'est pas déterminé par le souvenir qu'il a gardé 20
d'Elisabeth Delagrange. Il consacre tout son temps
à son enquête, avec l'aide d'un détective privé. Rien
ne résiste à son désir de savoir. Très vite il est
persuadé de l'innocence d'Elisabeth; très vite il est
sur la piste° du vrai coupable, il fallait seulement 25
regarder dans la bonne direction. Finalement il a la
preuve que Delagrange avait une maîtresse que
personne n'avait remarquée, une fille laide et
autoritaire, avec qui il trompait sa jolie femme.

Les événements se précipitent, la police est forcée 30
d'intervenir. La maîtresse est arrêtée, elle avoue son
crime. Delagrange voulait quitter sa femme, partir
à l'étranger. Il laissait tout derrière lui, même sa
maîtresse. Elle a préféré le tuer plutôt que d'être
abandonnée par lui.   35

Les portes de la prison s'ouvrent grand devant
Elisabeth. Le directeur, qui la détestait, l'ac-

un…« to have him one day at her mercy »
participe passé du verbe **paraître**

participe passé du verbe **connaître**

dès…aussitôt qu'il est arrivé

« pending »

« on the trail »

144

compagne jusqu'à la sortie et lui souhaite d'être heureuse, une gardienne l'embrasse. Les policiers s'excusent gênés. Elisabeth hausse les épaules: tous les regrets du monde ne lui rendront pas les sept ans qu'elle a perdus en prison.   5

Les journalistes sont nombreux pour l'accueillir. Non, elle n'a rien à déclarer. Ses projets? Elle n'en a qu'un dans l'immédiat,° dont elle n'a pas envie de parler maintenant. Son ami le journaliste l'emmène. Il lui a trouvé un petit appartment où elle pourra se 10 reposer. A son air joyeux on dirait que c'est lui qui sort de prison. — J'étais sûr de votre innocence. Une femme comme vous est incapable de tuer quelqu'un de sang-froid.°

Elisabeth sourit. Jamais elle n'a séduit un homme 15 dans des circonstances aussi défavorables, mais cette victoire est peut-être la dernière. Libérée après tant d'années, que peut-elle encore espérer de la vie?

Le lendemain, elle est convoquée à la police pour une confrontation avec l'inculpée. C'est le moment 20 qu'elle attendait. Très calme, souriante, elle regarde cette femme, si peu digne d'être sa rivale et qui lui a gâché son existence. Elle s'asseoit, ouvre son sac, prend une cigarette. Trois briquets s'allument pour elle. Elle choisit celui de l'inspecteur qui l'a arrêtée 25 autrefois et le remercie d'un signe de la tête. Elle remet le paquet dans son sac, sort un revolver, vise son ennemie et tire trois fois, en laissant un intervalle entre chaque coup. Aucun des policiers n'a bougé. Elle tend l'arme au détective le plus proche et dit: 30

— J'ai été condamnée pour un crime que je n'ai pas commis.° Mais je vous prédis que je serai acquittée pour celui-là.

dans...pour le moment (line 8)

« in cold blood » (line 14)

participe passé du verbe **commettre** (line 32)

1. Pour quel crime Elisabeth a-t-elle été condamnée?

Questions sur le texte

2. Depuis combien de temps est-elle en prison?

3. Pourquoi le journaliste croit-il à son innocence?

4. Pourquoi Elisabeth dit-elle que la dispute avec son mari ne prouvait rien?

5. Quels sont ses sentiments pour la personne qui a tué son mari?

6. Que reproche-t-elle à l'assassin?

7. Pourquoi le journaliste n'avait-il pas dit autrefois à Elisabeth qu'il l'aimait?

8. Pourquoi la police n'a-t-elle pas envie de reprendre l'affaire?

9. Qu'est-ce que l'enquête du journaliste réussit à prouver?

10. Pourquoi la maîtresse de Delagrange l'a-t-elle tué?

11. Pourquoi les excuses de la police et les amabilités du personnel de la prison laissent-elles Elisabeth indifférente?

12. Quel est le projet d'Elisabeth dont elle ne veut pas parler aux journalistes?

13. Pourquoi la phrase du journaliste, *une femme comme vous est incapable de tuer quelqu'un de sang-froid* (l.12, p.145), devient-elle ironique quand on connaît la fin de l'histoire?

14. Dans la scène de confrontation à la police, relevez les expressions qui montrent la tranquillité d'Elisabeth et le caractère prémédité de son crime.

15. Pour quelle raison Elisabeth a-t-elle tué la maîtresse de son mari?

16. Si vous aviez à juger Elisabeth, quels seraient vos arguments pour la condamner ou pour l'acquitter?

Substitutions

1. Remplacez les mots suivants, qui sont dans le texte, par des mots de *même* sens, qui sont également dans le texte.

EXEMPLE   pleurs (1.3, p.143) :
                larmes (1.8, p.144)

a. crime (1.18, p.143)
b. attendrir (1.4, p.143)
c. déclarer (1.1, p.143)
d. quitter (1.32, p.144)

2. Remplacez les mots suivants, qui sont dans le texte, par des mots de sens *contraire*, qui sont également dans le texte.

EXEMPLE   aimer (1.16, p.143) :
                haïr (1.21, p.143)

a. coupable (1.2, p.143)
b. beau (1.7, p.144)
c. arrêté (1.31, p.144)
d. condamné (1.2, p.143)

Composition

Vous êtes le journaliste et vous expliquez pourquoi il vous semble juste qu'Elisabeth Delagrange ne soit pas condamnée une seconde fois.

Ou bien vous êtes le journaliste, mais vous expliquez à Elisabeth qu'elle vous a trompé et que vous ne voulez plus l'aider.
Vous choisissez le sujet que vous aimez le mieux. Prenez votre vocabulaire dans l'histoire. Faites des phrases courtes. Cent à cent cinquante mots environ.

25. Paul Verlaine

(1844–1896)

Verlaine est le type même du poète maudit. Il a
connu la prison, la misère; son existence se
termine dans l'alcoolisme. Et pourtant cette vie
misérable est celle d'un homme profondément
religieux mais incapable de résister aux tentations.
Sa poésie est remarquable par ses extraordinaires
qualités musicales; le rythme, les sonorités créent
l'atmosphère des poèmes. L'œuvre de Verlaine
est peu intellectuelle mais elle est beaucoup plus
savante que son apparente naïveté ne laisse
supposer. Son influence a été considérable sur les
poètes de la fin du dix-neuvième siècle.

Au moment où il écrit ses *Romances sans paroles*,
Verlaine est en Angleterre, ce qui explique le
titre anglais du poème qui suit.

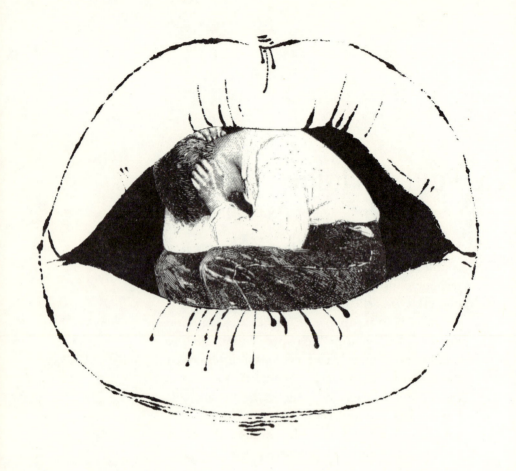

A Poor Young Shepherd

J'ai peur d'un baiser
Comme d'une abeille.
Je souffre et je veille
Sans me reposer.
J'ai peur d'un baiser!   5

Pourtant j'aime Kate[1]
Et ses yeux jolis.°   **ses**...on dirait en prose **ses
                                              jolis yeux**
Elle est délicate,
Aux° longs traits pâlis.   avec de
Oh! que° j'aime Kate!   10   comme

C'est saint Valentin!
Je dois et je n'ose
Lui dire au matin...
La terrible chose
Que Saint Valentin!   15

Elle m'est promise,°   *participe passé du verbe*
                                              promettre
Fort heureusement!
Mais quelle entreprise
Que d'être un amant
Près d'une promise!°   20   une fiancée

[1] **Kate,** prononcé en français, doit rimer avec délicate.

151

J'ai peur d'un baiser
Comme d'une abeille.
Je souffre et je veille
Sans me reposer :
J'ai peur d'un baiser !   5

Les élèves ont leur livre fermé. Le professeur lit lentement le poème. Il relit ensuite les cinq premiers vers, puis il pose des questions :

Reconstitution du poème

1. De quoi le jeune berger a-t-il peur?
2. Quel est le mot qui en général introduit une comparaison en français?
3. A quoi le jeune berger compare-t-il le baiser?
4. Pourquoi a-t-on peur d'une abeille?
5. Pour quelle raison souffre-t-il et veille-t-il?
6. Qu'est-ce qu'il ne peut faire à cause de cette souffrance?

La classe reconstitue les cinq premiers vers. Un élève les écrit au tableau. Toute la classe participe à la correction des fautes. Les élèves lisent à haute voix ces cinq premiers vers.

Le professeur lit la deuxième strophe (vers 6 à 10) et pose des questions :

7. Comment prononce-t-on en français le prénom Kate?
8. Comment sont les yeux de Kate?
9. Quel est l'adjectif qui rime avec Kate?
10. Comment sont ses traits?
11. Quels sont les mots à la fin de cette strophe qui ont déjà été dits au début de cette strophe.
12. Par quelles exclamations le berger exprime-t-il son amour?

La classe reconstitue les vers 6 à 10. Un élève les écrit au tableau. Toute la classe participe à la correction des fautes. Les élèves lisent à haute voix les vers des deux premières strophes.

Le professeur lit la troisième strophe (vers 11 à 15) et pose des questions :

13. Quelle est la fête dont parle le berger ?
14. Quelle est la signification de la Saint-Valentin ?
15. Qu'est-ce qu'il doit dire à Kate ?
16. Pourquoi n'ose-t-il pas le dire ?
17. Quand doit-il lui parler ?
18. Pourquoi la Saint-Valentin est-elle une terrible chose ?

La classe reconstitue les vers 11 à 15. Un élève les écrit au tableau. Toute la classe participe à la correction des fautes. Puis les élèves lisent à haute voix la troisième strophe.

Le professeur lit la quatrième strophe (vers 16 à 20) et pose des questions :

19. Quelle est la situation de Kate par rapport au jeune berger ?
20. Pourquoi est-il heureux que Kate lui soit promise ?
21. Pourquoi est-ce une grande entreprise d'être un amant ?
22. Quel est le sens du mot « une promise » ?

La classe reconstitue les vers 16 à 20. Un élève les écrit au tableau. Toute la classe participe à la correction des fautes. Puis les élèves lisent à haute voix cette quatrième strophe.

On efface le tableau. Comme le poème est difficile, le professeur le relit une fois encore en entier, puis chaque élève essaie de reconstituer par écrit le poème de mémoire.

L'exercice suivant sur les comparaisons peut être fait oralement en classe ou comme devoir écrit.

Sur le modèle:

> J'ai peur d'un baiser comme d'une abeille

imaginez d'autres phrases avec une comparaison introduite par *comme*. Laissez aller votre imagination et faites des comparaisons inattendues et même fantaisistes. Comparez un son à une couleur, une couleur à un parfum, une jeune fille à une fleur, à un fruit, à un animal, etc....

a antérieur	[a]	la, ma, ta, délicate, chat, Valentin, part, tard, chaque, rare, évidemment, femme
o ouvert	[ɔ]	joli, promise, robe, sol, mode, pomme, comme, tort, mort, fort, loge, Paul
o fermé	[o]	eau, au, oh, haut, pot, trop, sauce, beau, ose, chose, rose, pauvre, repose, côté

Oppositions	[a]	[ɔ]	[o]
	sale	sol	saule
	mal	mol	môle
	rat	roc	rôt
	Kate	cote	côte
	tard	tort	taureau
	pal	Paul	pôle

La jolie Kate se repose.
Anne a une robe rose.
La jeune femme n'ose pas acheter ce chapeau.
Le jeune homme est trop délicat.
Cet homme et sa femme sont fort beaux.
Elle ose avaler la pomme sans eau.

26. *Alexandre Dumas*
(1802–1870)

Alexandre Dumas appartient à la grande
génération romantique. Connu d'abord par ses
succès au théâtre, *Anthony*, *La Tour de Nesles*, *Kean*,
il est surtout pour nous le populaire auteur des
Trois mousquetaires, du *Comte de Monte-Christo* et de
nombreux autres romans. Un siècle après sa mort,
il est encore lu[1] dans le monde entier; sa bonne
humeur, son imagination, son talent pour raconter
font oublier son manque de style.

Ce passage est tiré d'*Impressions de voyage en Russie*.

---

[1] **lu**: participe passé du verbe **lire**.

La Main de Dieu[1]

Vers le commencement du mois de mai dernier, M. Sousslof, riche propriétaire du gouvernement d'Olonetz,[2] ou du moins passant pour riche, suivant la perspective Nevski[3] dans un coupé,° au trot rapide de deux chevaux. Il était avec sa fille, jeune 5 personne de dix-sept à dix-huit ans, d'une beauté ravissante, et fiancée depuis trois mois à un homme qu'elle aimait.

sorte de voiture à chevaux

Les gens bien instruits de l'état de la fortune de M. Sousslof disaient que le mariage que faisait sa 10 fille était fort avantageux et au-dessus des espérances qu'ils eussent dû° concevoir.

eussent dû: *plus-que-parfait du subjonctif du verbe* **devoir**

L'enfant était donc parfaitement heureuse.

Quant au père, ceux qui le connaissaient depuis quinze ou seize ans prétendaient° ne l'avoir pas vu° 15 sourire une seule fois.

ici, affirmaient
infinitif passé du verbe **voir**

Tout à coup, M. Sousslof se rappelle une course oubliée; son cocher doit changer à l'instant même de direction, il charge sa fille de lui en transmettre l'ordre. 20

---

[1] Le titre a été ajouté par les éditeurs.   [2] **Olonetz**: ville de Carélie, au nord de la Russie.   [3] **la perspective Nevski**: la principale avenue de Léningrad.

Sa fille sort la tête par la portière;° mais, avant qu'elle ait eu° le temps de dire un mot, un drojky[1] emporté par son cheval° passe comme l'éclair, et avec son brancard° brise la tête de mademoiselle Sousslof.   5

La jeune fille retombe dans la voiture, le crâne fendu, et c'est un cadavre que M. Sousslof reçoit° entre ses bras.

Cette enfant, c'était sa vie, la seule chose qui l'attachât au monde. Ses amis lui avaient entendu 10 dire que, s'il la perdait jamais, il se brûlerait la cervelle.°

Et cependant il ne versa point une larme.

Il ordonna au cocher de rentrer à la maison, prit entre ses bras le cadavre de sa fille, et envoya 15 chercher un médecin, non pas pour essayer de la rappeler à la vie, l'âme avait déjà depuis longtemps abandonné le corps, mais pour constater le décès.

Le décès constaté,° il s'occupa des funérailles, tristement mais froidement, comme il faisait toute 20 chose. Un étranger qui l'eût vu° ne se fût point douté° qu'il venait de se creuser un pareil abîme° dans la vie de cet homme.

Trois jours après, les funérailles étaient accomplies, et il ne restait plus rien, sur cette terre, du beau lis° 25 qui y avait fleuri un instant avec tant d'éclat.

En revenant du caveau,° M. Sousslof se fit conduire° chez le grand maître de police,° fit passer son nom,° et fut° reçu.

— Excellence, lui dit-il, il y a dix ans que j'ai 30 empoisonné mon beau-père et ma belle-mère, pour jouir plus vite de leur fortune. Depuis ce crime, que tout le monde ignore, rien ne m'a réussi, mais, au contraire, tout a tourné à mal° pour moi et autour de moi. Un banquier, chez lequel j'avais placé une 35

---

[1]**drojky:** sorte de voiture russe à un cheval.

Right margin glosses:

« door »
ait eu: *passé composé du subjonctif du verbe* **avoir**
emporté…dont le cheval n'est plus contrôlé par le cocher
« shaft »

présent du verbe **recevoir**

il…il se suiciderait avec une arme à feu

le…la mort ayant été établie sans aucun doute

l'eut…« saw him »

ne…« would never have guessed »

« such an abyss had just opened up »

« lily »

« vault »
passé simple du verbe **se faire** (**se faire conduire**: « to go »)
le plus haut fonctionnaire de police de la ville
fit…« he sent in his card (to get an interview) »
passé simple du verbe **être**

on dirait aujourd'hui **tourné mal**

somme de cent mille roubles, a fait banqueroute;° « went bankrupt »
mes villages et mes forêts ont brûlé, sans qu'on ait
jamais su° qui y avait mis le feu;° mes bestiaux sont *participe passé du verbe* **savoir**
morts d'une épizootie;° ma femme a succombé à une *participe passé du verbe* **mettre (mettre le feu: « to set fire »)**
fièvre pernicieuse; enfin, ma fille vient d'être tuée 5 « epidemic »
par un accident que vous avez su, et qui est presque
impossible à comprendre. Je me suis dit alors: « La
main de Dieu est sur toi; livre-toi et expie.° » Me paye pour tes fautes
voici, Excellence. J'ai tout avoué; faites de moi ce
que vous voudrez.   10

M. Sousslof, envoyé à la forteresse, y attend son
jugement, et y paraît, sinon plus gai, du moins plus
calme qu'il ne l'a jamais été.

1. Quelle est la situation sociale de M. Sousslof? **Questions**
2. Qu'est-ce que l'expression *passant pour riche* **sur le texte**
   (l.3, p.157) laisse supposer?
3. La fille de M. Sousslof est belle, fiancée à
   l'homme qu'elle aime. Pourquoi cette insistance
   sur son bonheur?
4. Dans le passage compris entre *tout à coup* (l.17,
   p.157) et *entre ses bras* (l.8, p.158), tous les verbes
   sont au présent. Comment expliquez-vous ce
   changement de temps, alors que les autres verbes
   sont au passé?
5. Pourquoi, à votre avis, M. Sousslof n'a-t-il pas
   pleuré?
6. Pourquoi le père attend-il que sa fille soit
   enterrée pour aller à la police?
7. Qu'est-ce qu'il fait à la police?
8. Pour quelle raison a-t-il tué ses beaux-parents?
9. Qu'est-ce qui lui est arrivé depuis qu'il a
   commis son crime?
10. Pourquoi se dénonce-t-il à la police?
11. Pourquoi le personnage est-il si calme lorsqu'il
    est en prison?

12. M. Sousslof avait dit qu'il se tuerait s'il perdait sa fille. Dans quelle mesure a-t-il fait ce qu'il avait dit?

13. Le récit est mélodramatique. Relevez le plus grand nombre possible de clichés (a) pour exprimer le bonheur (b) pour exprimer le malheur.

14. L'histoire se compose de trois parties. Quelles sont-elles?

1. Remplacez les mots suivants par des mots qui ont le *même* sens et qui sont dans le texte.   **Substitutions**

    EXEMPLE   début: commencement (l.1, p.157)

    a. informé
    b. soudain
    c. se souvenir
    d. mort
    e. enterrement
    f. profiter

2. Remplacez les mots suivants par des mots qui ont le sens *contraire* et qui sont dans le texte.

    EXEMPLE   pauvre: riche (l.2, p.157)

    a. laideur
    b. haïr
    c. lentement
    d. connaître
    e. nier
    f. nerveux

Inventez une histoire qui, comme celle de Dumas, se divise en trois parties. La première décrit une   **Composition** situation heureuse au passé. La seconde décrit un événement au présent, événement qui change totalement la situation. La troisième partie décrit la situation nouvelle, heureuse ou malheureuse à votre choix.

Faites des phrases courtes. Restez le plus près possible du modèle. Cent à cent cinquante mots environ.

Vocabulaire

A

abeille (f.): bee
abîme (f.): abyss
accaparer: to monopolize
accélérer: to hasten
accompagner: to accompany
accomplir: to perform, carry out
accueillir: to greet
acquitter (s'): to acquit oneself
affaire (f.): case
affaire, avoir – à: to deal with
affaires (f. pl.): business
affligé: afflicted
affolement (m.): panic
âgé: elderly
agenouiller (s'): to kneel
agir, il s'agit de: it is a matter of
agrémenter: to improve
aider: to help
ailleurs (d'): moreover
aimer: to love, like
aîné (m.): the older
ainsi: thus
air (m.): expression
air, avoir l'– : to look, seem
ajouter: to add
allégorique: allegorical
aller, s'en–: to go away
allumer: to light

allure (f.): pace
alors: then
amant (m.): lover
âme (f.): soul
amour (m.): love
amoureuse (f.): lover
amusant: amusing
an (m.): year
Angleterre (f.): England
année (f.): year
apercevoir: to see
apparaître: to appear, occur
appartenir: to belong
appeler (s'): to be called
appliqué: careful
appliquer (s'): to apply oneself
apporter: to bring
apprendre: to teach
appuyer: to press, lean
après: after
arbre (m.): tree
arc (m.): bow
arme (f.): weapon
armoire (f.): wardrobe
arrêter (s'): to stop
arriver: to happen
arrosoir (m.): watering can
artichaud (m.): artichoke
ascension (f.): ascent
asperger: to sprinkle

asseoir (s'): to sit down
assez: rather, enough
assis: seated
assommer: to beat to death
assuré: insured, sure
atours (m. pl.): women's attire, ornaments
atteindre: to reach, hit
attendre: to wait for
attendrir: to move (emotionally)
aube (f.): dawn
aucun (pron.): no one, not one
aucun (adj.): not any
au-delà: beyond
au-dessus: above
aujourd'hui: today
auprès de: near to
aussi: also, too
aussitôt: at once, immediately
auteur (m.): author
autoritaire: domineering
autour: around
autre: other
autrefois: previously, formerly
autrement: otherwise
avant (adv.): first
avant, avant de, avant que (prep.): before
avenir (m.): future
avertissement (m.): warning
aviser: to notice
avouer: to confess

B

baîller: to yawn
baiser (m.): kiss
baiser: to kiss
balbutier: to stammer
balle (f.): bundle
ballot (m.): bundle
banc (m.): bench
banqueroute, faire – : to go bankrupt
barbe (f.): beard
barreau (m.): bar
bavard (m.): chatterer, gossip
beau: beautiful, nice-looking
beaucoup: a lot, much
beau-père (m.): father-in-law

bec-de-cane (m.): doorknob
bec de gaz (m.): lamp-post
belle-mère (f.): mother-in-law
béni, bénite: holy
bercer: to rock
besoin, avoir – de: to need
bestiaux (m. pl.): livestock
bête: stupid
biaiser: to go in an oblique direction
bien: well
bien des: many
bien sûr: of course
bientôt: soon
bitume (m.): asphalt
blâmer: to disapprove of
blanc: white
blesser: to wound
blessure (f.): wound
bois (m.): wood
boîte aux lettres (f.): mail box
bon: fine, good, right
bord (m.): edge
bossu (m.): hunchback
bouche (f.): mouth
bouché: cloudy
bouche d'égout (f.): manhole
bouger: to move
bout (m.): end, tip
brancard (m.): shaft
bras (m.): arm
bride (f.): bridle
briquet (m.): lighter
briser: to break
bruit (m.): noise, sound
brûlant: burning
brûler: to burn
bureau (m.): desk
but, dans le – de: for the purpose of

C

cabinet (m.): office
cacher: to hide
cadet (m.): the younger
cahin-caha: so-so
canne (f.): cane, walking stick
captif: captive

capuche (f.): hood
car: for
carie (f.): cavity (dental)
carnet (m.): note-book
cas (m.): case
casser: to break
causer: to talk
caveau (m.): vault
céder: to yield
célèbre: famous
celle-là: that one
celui-ci: this one
cependant: however
cercueil (m.): coffin
certes: certainly
chacun: each one
chaise (f.): chair
chambre (f.): room
champ (m.): field
chanson (f.): song
chanter: to sing
chapeau (m.): hat
charbon (m.): coal
charge (f.): load
charger: to load
charger de: to entrust
chat (m.): cat
château (m.): castle
chaud: hot
chaussette (f.): sock
chaussure (f.): shoe
chemin (m.): way, path
cher: dear, expensive
chétif: puny
cheval (m.): horse
chevreuil (m.): roe deer
chien (m.): dog
choisir: to choose
chose (f.): thing
chrétien: Christian
chute (f.): fall
ciel (m.): sky, heaven
cire (m.): wax
citoyen (m.): citizen
clair: clear
clarté (f.): clarity, brightness
cloîtré: cloistered

cocher (m.): coachman
coeur (m.): heart
coin (m.): corner
combattre: to fight
commencement (m.): beginning
commencer: to begin
complet veston (m.): suit
comprendre: to understand
compter sur: to count on
concevoir: to imagine
conduire: to drive, lead
confier: to entrust
confiture (f.): jam
connaître: to know
consacrer: to devote
conscience, prendre – de: to become
  aware of
considérer: to look at
construire: to build
content: pleased
conter: to tell
contraire: opposite
contraire, au – : on the contrary
contre: against
contrefait: crippled
contrôleur (m.): ticket-collector
coquelicot (m.): poppy
côté (m.): side
coucher: to sleep, lay to rest
coucher (se): to go to bed
coup (m.): blow, knock
coupable: guilty
coup de feu (m.): shot
coup de pied (m.): kick
courir: to run
cours, en – : pending, on the go
course (f.): errand
court: short
courtois: polite
couvrir de (se): to cover oneself with
craindre: to fear
cramoisi: crimson
crâne (m.): skull
crapaud (m.): toad
cri (m.): cry
crier: to shout, cry out
croire: to believe, think

cuir (m.): leather
cuisinière (f.): cook
curé (m.): priest

D

dalle (f.): tile
dame (f.): lady
davantage: more
débile: frail
débordant: overflowing
debout: standing
début, au –: at the beginning
décès (m.): death
décevoir: to disappoint
découverte (f.): discovery
découvrir: to discover
déçu: disappointed
défavorable: unfavorable
dégoûté: tired, disgusted
dehors: outside
déjà: already
déjeuner (m.): lunch; petit – : breakfast
demander: to ask, require
demander (se): to wonder
demeurer: to stand, remain
démodé: outmoded
dent (f.): tooth
dépasser: to pass
depuis: for, since
dernier: last
derrière: behind
dès que: as soon as
descendre: to come down
désespoir (m.): despair
déshabiller: to undress
désigner: to point to
destinataire: addressee
détromper: to undeceive
deuxième: second
devancer: to be ahead of
devant: before, in front of
devenir: to become
deviner: to guess
devoir: to owe
devoir (m.): duty
dieu (m.): god

digne: worthy
dimanche (m.): Sunday
dire: to say, tell
diriger (se): to advance (towards)
discours (m.): speech
disparaître: to disappear
dispute (f.): quarrel
disputer (se): to argue
distrait: inattentive, distracted
doigt (m.): finger
dompteur (m.): trainer
donc: therefore, consequently
donner: to give
dormir: to sleep
dos (m.): back
dossier (m.): papers
doucement: slowly, gently
douleur (f.): pain
douter (se): to suspect
doux: gentle, sweet
douzaine (f.): dozen
dresser: to set up
dresser contre (se): to stand up, stand up against
drôle: amusing
droit (m.): right
droite (f.): right side
dur: hard

E

eau (f.): water
écarter (s'): to scatter, go away
échapper: to escape
éclair (m.): lightening
éclat (m.): brightness
écœuré: disgusted
école (f.): school
écouter: to listen
écrire: to write
écrivain (m.): writer
écrouler (s'): to collapse
effet, en – : in fact
effondrer (s'): to collapse
efforcer (s'): to endeavor
effrayé: frightened
effrayer: to frighten

égout (m.): drain
élever: to raise
éloigner (s'): to go away
embarras (m.): hindrance, difficulty
embarras de voitures (m.): traffic jam
émerveiller (s'): to marvel
emmener: to take away
émouvoir: to move (emotionally)
empêcher: to prevent
empli: filled
empoisonné: poisoned
empreint: marked
enchaîner: to tie up, chain
encore: again, yet, still
encrier (m.): inkwell
endormir (s'): to fall asleep
endroit (m.): place, spot
énergumène (m.): fanatic, enthusiast
enfance (f.): childhood
enfant (m. f.): child
enfin: finally
enfoncer (s'): to sink, disappear
enfuir (s'): to escape
engager (s'): to begin, get going
enjambée (f.): stride
enlever: to take away
ennuyer (s'): to be bored
enquête (f.): investigation
ensemble (m.): collection, set
ensuite: next, then
entendre: to hear
entendre (s'): to get along
entourer (s'): to surround
entrain (m.): cheerfulness
entre: in, between
entreprendre: to undertake
envahir: to fill
envie, avoir – de: to want, feel like
environ: about
environs (m. pl.): vicinity
envoler (s'): to fly away
envoyer: to send
épaissir (s'): to thicken
épaule (f.): shoulder
épier: to spy
escalier (m.): stairs
espace (m.): space

Espagne (f.): Spain
espèce (f.): kind
espérance (f.): hope
espérer: to hope
espoir (m.): hope
esprit (m.): wit
étage (m.): floor
état (m.): trade
Etats-Unis (m. pl.): U.S.A.
étonnamment: surprisingly
étonner : to surprise
étonner (s'): to be surprised
étranger (m.): stranger, foreigner
étranger, à l'– : abroad
être (m.): being, man
étroitement: closely
évanouir (s'): to faint
éveillé: awake
événement (m.): event
exercer: to exert
expérience (f.): experiment
expier: to pay for one's crime
explication (f.): explanation
expliquer: to explain
exposé (m.): narration
exprimer: to express
exprimer (s'): to express oneself
Extrême-Orient (m.): Far East

F

fabriquer (se): to make for oneself
face, en – : in front of, opposite
fâché: angry
faible: weak
faiblement: weakly
faillir (+ inf.): to almost [do]
fait, en – : in fact
falloir: to be necessary
famille (f.): family
fardeau (m.): load
fatigué: tired
fauteuil (m.): armchair
février (m.): February
femme (f.): wife, woman
fendu: split open
fenêtre (f.): window

fente (f.): crack
ferme: firm
fermer: to close
feu (m.): hearth, fire, heat
ficelé: tied with string
fidèle: faithful
fier: proud
fierté (f.): pride
fièvre (f.): fever
figurer (se): to imagine
fille (f.): daughter, girl
fils (m.): son
fin (f.): end
fin: subtle
finir: to finish
fixement: fixedly
flèche (f.): arrow
fleur (f.): flower
fleurir: to flower
flotter: to float
foi (f.): faith
fois (f.): time
fois, à la – : at the same time
fond (m.): back
force (f.): strength
forêt (f.): forest
fort (adj.): strong
fort (adv.): very
fou (m.): madman
fouetter: to whip
fouiller: to investigate
fraîcheur (f.): freshness
franchise (f.): frankness
frappé: struck
frapper: to hit, knock
frayeur (f.): fright
frère (m.): brother
froidement: coldly
froideur (f.): coldness
froncer: to frown
frotter (se): to rub oneself
fumée (f.): smoke
fusil (m.): gun

G

gâcher: to ruin

gagner: to penetrate, reach
gaiement: gayly
gaillard (m.): fellow
gaîté (f.): gaiety
garçon (m.): boy, helper, young man
garde-chasse (m.): game-keeper
garder: to keep
gardienne (f.): guard
gare (f.): station
garni: filled
gâter: spoil, ruin
gauche: left
gauche (f.): left side
géant (m.): giant
génie (m.): genius
genou (m.): knee
gens (m. pl.): people
gentil: nice
gentillesse (f.): spontaneity
gluant: sticky
gouffre (m.): gulf, abyss
goût (m.): taste
grand (adj.): large, tall, grown-up, great
grand (adv.): widely
grandir: to grow
grand-père (m.): grandfather
grand-tante (f.): great-aunt
gratter: to scratch
grièvement: dangerously
grognement (m.): grumbling
gronder: to scold
gros: large
grossir: to become larger
gueule (f.): mouth (of an animal)
guerre (f.): war

H

habit (m.): clothes
habiter: to live
habitude (f.): habit
haine (f.): hatred
haïr: to hate
hallebarde (f.): halberd
hausser: to shrug
haut-le-corps (m.): bound, start
heureusement: happily, fortunately

heureux: happy
heurter (se): to run into each other
hier: yesterday
hirondelle (f.): swallow
hiver (m.): winter
homme (m.): man
honnêteté (f.): honesty
honte (f.): shame
honte, avoir – : to be ashamed
humer: to breathe
humeur (f.): mood
hurler: to yell

I

ici: here
ignorer: not to know
il y a (deux ans): (two years) ago
île (f.): island
immobiliser (s'): to become immobile
impatienter (s'): to lose one's patience
importer: to be important to
impressionner: to impress
inconnu: unknown
inconvenance (f.): impropriety
inculpé: accused
inégal: unequal
indien: Indian
injurier (s'): to insult oneself
inquiétude (f.): anxiety, concern
installer (s'): to take a seat
instruit: informed
intervenir: to intervene, interfere
inutile: useless
inutilité (f.): uselessness
invité (m.): guest
invoquer: to call upon

J

jamais: ever, never
japper: to yap
jardin (m.): garden
jardinière (f.): woman gardener
jeter: to throw
jeune: young
jeunesse (f.): youth

joli: pretty
joue (f.): cheek
jouer: to play
jouir: to enjoy, profit
jour (m.): day
journée (f.): day
jours, tous les – : every day
joyeux: cheerful
jurer: to swear
jusque: until, even, as far as
justement: as a matter of fact

L

là: there
lâche (m.): coward
lâcher: to let go
laid: ugly
laisser: to leave
laisser passer: to let pass
lancer: to throw
langouste (f.): lobster
larme (f.): tear
leçon (f.): lesson
lecteur (m.): reader
léger: slight
lendemain (m.): the following day
lever (se): to get up
libéré: freed
ligne (f.): line
liguer (se): to gather against someone
linge (m.): shirt, underwear, linen
lire: to read
lis (m.): lily
lit (m.): bed
livre (m.): book
livrer (se): to give oneself up
loger (se): to take lodging
loin: far
longtemps: a long time
lourdaud (m.):
luisant: shining
lutter: to struggle

M

mâchoire (f.): jaw

magie (f.): magic
main (f.): hand
maintenant: now
maison (f.): building
maître (m.): master
maîtresse (f.): mistress
mal: badly, poorly
mal (m.): harm, difficulty
mal (m.), faire du – : to do harm, hurt
malgré: in spite of
malheur (m.): misfortune, trouble
malheureux (m.): unfortunate one
malotru (m.): boor
manière (f.): kind
manquer de: to lack
marche (f.): step
marcher: to walk, to go
mari (m.): husband
marmite (f.): pot
marronnier (m.): chestnut tree
mars (m.): March
matin (m.): morning
matinal: morning
maudit: cursed
mauvais: bad, wicked
méchant: wicked
mécontent: discontent
médusé: petrified
meilleur: better
mêler: to combine
même (adj.): very, same
même (adv.): even
même, de – : in the same way
menacé: threatened
mener: to lead
mensonge (m.): lie
menu: small
mer (f.): sea
mercier (m.): notions dealer
mère (f.): mother
merle (m.): blackbird
mettre: to put
mettre à (se): to begin
mettre en marche (se): to start walking
meuble (m.): piece of furniture
meurtre (m.): murder
mie (f.): crumb

mieux (m.): the best thing
milieu (m.): the middle, center
moindre: least, smallest
moineau (m.): sparrow
moins, au –, du – : at least
moins... que: less... than
mois (m.): month
moisissure (f.): mould
moitié (f.): half
monde (m.): world, people, company
montre (f.): watch
montrer: to show
mordre (se): to bite
mort: dead
mort (f.): death
mot (m.): word
mouche (f.): fly
mourir: to die
moyen: average
moyen (m.): means
mue (f.): moulting
mur (m.): wall
mûr: ripe

N

naître: to be born
naufrage, faire – : to be shipwrecked
négliger: to neglect
nerf de bœuf (m.): lash, whip
nettement: clearly
nez (m.): nose
nier: to deny
n'importe quel: any
noir: black
nom (m.): name
nombreux: numerous
nouveau, nouvelle: new
nouveau, de – : again
nouvelle (f.): short story
nu: bare, naked
nuit (f.): night

O

obliquer: to go in an oblique direction,
    swerve

occuper de (s'): to look after
œil (m.) (pl. yeux): eye
œuf (m.): egg
œuvre (f.): work
ombre (f.): shadow
ombrelle (f.): parasol
ordonner: to order
oreille (f.): ear
oreiller (m.): pillow
orgueil (m.): pride
oser: to dare
oublier: to forget
ours (m.): bear
ouvert: open
ouvrir; ouvrir (s'): to open

P

pain (m.): bread
paisiblement: calmly
palier (m.): landing
paquet (m.): package
paraître: to seem
parapluie (m.): umbrella
parcourir: to cross
pareil: similar
parfois: sometimes
parler: to speak
paroisse (f.): parish
parole (f.): word
partie, faire – de: to belong to
partir: to leave, start
partir, à – de: beginning with
parvenir à: to succeed in
pas (m.): step
passant (m.): passer-by
passer: to pass, go
passer (se): to happen
passer (deux heures): spend (two hours)
passer pour: to pass for
passionné: enthusiastic, passionate
patron (m.): boss
patte (f.): paw
pauvre: poor
payer: to pay
péché (m.): sin
peine, à – : scarcely

peint: painted
pencher (se): to lean over
pendant: during
pensée (f.): thought
penser: to think
perdre: to lose
père (m.): father
personnage (m.): character
personne: no one
peser: to weigh
petit: small, little
petit-fils (m.): grandson
peur, avoir – de: to be afraid of
peut-être: perhaps
pièce (f.): play, room
pied (m.): foot
pied, à – : on foot
pire: worse
piste (f.): track
pitié (f.): pity
placard (m.): closet
plafond (m.): ceiling
plaire: to please
plaisir (m.): pleasure
plein: full
pleur (m.): tear
pleurer: to cry
pleuvoir: to rain
plier: to fold, bend, bow
plupart, la – : most
plus, (ne): (not) any longer
plus: more
plus... plus... : the more... the more...
plusieurs: several
plutôt que: rather than
poche (f.): pocket
poing (m.): fist
point du jour (m.): daybreak
pointu: pointed
poire (f.): pear
pois (m.): pea
pondre: to lay (an egg)
portant, bien – : in good health
porte (f.): door
porter: to have, carry, bear
portière (f.): door
poser: to put

poser (se): to perch
pour (+ inf.): in order to
pourquoi: why
poursuivre: to go on with, pursue
pourtant: however, yet, nevertheless
pousser: to utter, carry
poussière (f.): dust
pouvoir: to be able
praticien (m.): practitioner
précipiter (se): to throw oneself; come to a head (of events)
prédire: to predict
premier: first
prendre: to take, grasp
près de: close to
près, à peu – : approximately
presque: almost
preuve (f.): proof
prévoir: to foresee
privé: private
prix (m.): prize
prochain: next
proche: near
procurer: to provide
prodige (m.): wonder
professer: to practice
profondément: deeply
projet (m.): plan
promenade (f.): walk
propre: own
proprement: properly, neatly
propriétaire (m.): landowner
prothèse (f.): prothesis
pudeur (f.): modesty
puis: then
puisque: since

Q

quant à: as for
quel: which, what
quelque: some, a few
quelque chose: something
quelquefois: sometimes
quelques-uns: a few
quelqu'un: someone
querelle (f.): dispute

quête (f.): collection
queue (f.): tail
quoi: what

R

rabattre: to close, bring down
raconter: to tell
raison (f.): reason
raison, avoir – : to be right
rang (m.): row
rappeler (se): to remember
rapport (m.): relation
rattraper: to overtake
ravissant: ravishing
recevoir: to receive
recharger: to load again
récit (m.): narration, story
reconnaissance (f.): recognition, gratitude
reconnaître: to recognize
reculer: to move back
rédaction (f.): writing, wording
refus (m.): refusal
regard (m.): glance
regarder: to look at
reine (f.): queen
réjouir (se): to be pleased
relever (se): to get up again
remarquer: to notice
remercier: to thank
remettre: to put back
remonter: to remount
remplir: to fill, fulfill
rencontrer: to meet
rendre: to give back
rendre (se): to go
rente (f.): annuity
répandre: to spread
repas (m.): meal
repère (m.): point of reference
répéter: to repeat
répondre: to answer, reply
reposer (se): to rest
reprendre: to pick up again, reopen
reprise (f.): occasion
ressembler: to look like
ressort (m.): spring

reste (m.): leftover, remains
rester: to remain
retentir: to ring, resound
retentissement (m.): repercussion
retourner: to go back
retourner (se): to turn, turn over, turn around
réunir: to gather
réussir: to succeed
rêve (m.): dream
réveil (m.): awakening
revenir: to come back, return
rêver: to dream
révolter (se): to rebel
rideau (m.): curtain
rien: nothing
rien que: nothing but
rire (m.): laugh
rire: to laugh
roi (m.): king
romancier (m.): novelist
route (f.): road
rue (f.): street

S

sable (m.): sand
sac (m.): purse
sainteté (f.): saintliness
saisi: struck
sale: dirty
salière (f.): saltcellar
salle à manger (f.): dining room
sans que: without, unless
saoul: drunk, overcome
satisfait: pleased
sauf: except
sauter: to jump
sauver (se): to run away, escape
savant: skillful
savoir: to know
scarabée (m.): scarab beetle
séduire: to seduce
seigneur (m.): lord
sel (m.): salt
selon: according to
semaine (f.): week

sembler: to seem
sensibilité (f.): sensitivity
sentir: to feel, smell
série (f.): collection
serviette (f.): briefcase
servir de: to serve as
servir de (se): to use
serviteur (m.): servant
seul: alone, single
seulement: only
si bien que: so that
siècle (m.): century
siège (m.): seat
siffler: to whistle
sifflet (m.): whistle
signe (de tête) (m.): nod (of the head)
signifier: to mean
silencieusement: silently
silencieux: silent
simplement: simply
sinon: if not, or else
sixième: sixth
soeur (f.): sister
soigneusement: carefully
soir (m.): evening
soleil (m.): sun
sollicitude (f.): care
somme (f.): amount
sommeil (m.): sleep
sonner: to ring
sonnette (f.): bell
sort (m.): fate
sortie (f.): exit
sortir: to leave, put out, go out, take out, come out
sottise (f.): blunder
soudain: suddenly
souffrir: to stand, suffer
souhait (m.): wish
souhaiter: to wish
soumettre: to subdue
sourire: to smile
sous: under
souvent: often
souvenir (m.): memory
spectacle (m.): performance
suivre: to follow

sujet (m.): subject
supplier: to beg
sûrement: surely
surtout: mostly, above all

T

table de nuit (f.): night table
taille (f.): waist, stature
taire (se): to keep quiet
tambour (m.): drum
tandis que: while
tant: so much, so many
taper: to hit
tapis (m.): rug
tard: late
tâtons, à – : groping
taureau (m.): bull
tellement: so much
témoin (m.): witness
temps (m.): time
tendre: to hand, hold out
tenir: to hold, keep
tenir (se): to stand
tentation (f.): temptation
tentative (f.): attempt
tenter: to try
terminé: closed, ended
terre (f.): world, earth
terre, par – : on the ground
tête (f.): head
timidement: timidly
tintant: ringing
tirer: to fire, take
titre (m.): title
toit (m.): roof
tombée (f.): fall, end
tomber: to fall
tonnelle (f.): arbor
tonnerre (f.): thunder
tordre: to twist, contort
tordre, se – de rire: to be convulsed with laughter
tort, avoir – : to be wrong
tour, à son – : in turn
tourner: to turn out
tourner vers (se): to turn towards

tout à coup: suddenly
tout à fait: completely
tout à l'heure: later on
tout le monde: everybody
trait (m.): feature
tramway (m.): streetcar
transformer: to change
transmettre: to convey
travail (m.): work
travailler: to work
travers, à – : through
triste: sad
tristement: sadly
tristesse (f.): sorrow, sadness
tromper: to deceive
trop: too, too much
trottoir (m.): sidewalk
trouver: to find
trouver (se): to be
tuer: to kill

U

les uns... les autres... : some (people)... others...

V

vacarme (m.): uproar
vague (f.): wave
vaincre: to conquer
vaisseau (m.): ship
valoir: to be worth
veiller: to keep awake
venir: to come
venir de: to have just
ventre (m.): stomach, belly
vérité (f.): truth
vérité, en – : indeed, truly
vers: towards, around
verser: to pour, shed, turn upside down
vêtement (m.): garment
vêtu: dressed
viande (f.): meat
vide (m.): emptiness
vie (f.): life
vieillard (m.): old man

VOCABULAIRE

vieux: old
vigoureux: strong
ville (f.): town
virgule (f.): comma
visage (m.): face
viser: to aim at
visite, rendre – : to visit
vite: fast
vivant: living, alive
vivre, faire – : to support
voici: here is
voici, me – : here I am
voir: to see
voisin (m.): neighbor

voisin: near, close
voiture (f.): carriage
voix (f.): voice
voler: to steal
voleur (m.): robber
vouloir: to wish
voyager: to travel
voyageuse (f.): female traveler
vrai: real
vue (f.): sight

Y

yeux (pl. de œil): eyes